DUTCH GRAMMAR AND READER

DUTCH
GRAMMAR AND READER

WITH EXERCISES

BY

JACOB SMIT

Professor Emeritus of Dutch and Germanic Philology
University of Melbourne

REINDER P. MEIJER

Professor of Dutch Language and Literature
University of London

SECOND EDITION

STANLEY THORNES (PUBLISHERS) LTD.

© 1978 2nd Edition J. Smit, R. P. Meijer

2nd Edition (reset) 1978, Stanley Thornes
(Publishers) Ltd.

First published 1958 by Melbourne University Press
Reprinted 1984

Published by Stanley Thornes (Publishers) Ltd.,
Educa House, Old Station Drive, Leckhampton,
Cheltenham GL53 0DN

ISBN 0 85950 022 5

Printed in Great Britain at The Pitman Press, Bath

PREFACE TO THE FIRST EDITION

This book is intended for secondary schools and the first year of University courses. This presupposes that the student will be guided by a qualified teacher. We have therefore not used phonetic script and have not attempted a scientific description of sounds and intonation.

Paragraphs in the grammar section marked with *A* are meant for advanced students only. It is advisable to go through the elementary paragraphs first, and reserve the more detailed paragraphs for a later stage. The same applies to the exercises. Teachers are also advised to begin the reading of easy texts as soon as the pronunciation has been practised. Careful study of the exercises, translations and reading texts, with constant reference to the grammar, is the best approach. After the reading texts in this book have been studied, the student can begin to read Dutch books. The grammar section will still remain useful, and even advanced students may want to consult it occasionally. For such students we have also included a number of more advanced texts for translation into Dutch (§§ 195–221).

A vocabulary has not been included in this book. We feel that students become too easily dependent on the ready-made translations usually contained in such lists, and we would prefer them to use a dictionary from the very beginning. For beginners we would recommend:

F. G. Renier, *Dutch-English and English-Dutch Dictionary* (Routledge, Kegan Paul),

and for advanced students:

K. ten Bruggencate en A. Broers, *Engels Woordenboek,* 2 vols. (Wolters).

A list of strong and irregular verbs will be found at the end of this book, together with a list of grammars for further reference.

We are very much indebted to Miss D. R. Coverlid, Senior Lecturer in the Department of Germanic Languages, University of Melbourne, who read the manuscript and made numerous valuable suggestions and comments.

Melbourne	J. S.
London	R. P. M.

PREFACE TO THE SECOND EDITION

This new edition has benefited from suggestions made by several colleagues. We are particularly grateful to Mrs. Eva Lloyd–Reichling of Bedford College, University of London, for a number of improvements.

Melbourne   J. S.

London   R. P. M.

CONTENTS

ACKNOWLEDGMENTS

For permission to print extracts from short stories and books we wish to thank the following authors, authors' agents and publishers: Hamish Hamilton Ltd for no. 204 from *World within World* by Stephen Spender; The Cresset Press for no. 205 from *My Friend Mr Leaky* by J. B. S. Haldane; Messrs Edgley, Harding and Philips for no. 206 from the *Hampdenshire Wonder* by J. Beresford; Marnix Gijsen for no. 207, 'What to Tell the Milkmaid' from the anthology *Harvest of the Lowlands*; Chatto & Windus for no. 209 from *Eminent Victorians* by Lytton Strachey; Edward Arnold & Co. for no. 210 from *Where Angels Fear To Tread* by E. M. Forster; The Linguistic Society of America for no. 211 from *Outline of Linguistic Analysis* by B. Bloch and L. Trager; The Executors of the Estate of the late H. G. Wells, William Heinemann Ltd, Harper & Brothers for no. 214 from *The War of the Worlds* by H. G. Wells; Emery Reves for no. 215 from his *Anatomy of Peace*; Methuen & Co. Ltd for no. 217 from *Fontamara* by Ignazio Silone; McIntosh and Otis Inc. for no. 218 from *Tortilla Flat* by John Steinbeck; William Heinemann Ltd, The Viking Press Inc. for no. 219 from *The Lawless Roads* by Graham Greene; The Bodley Head for no. 220 from *The Professor* by Rex Warner; Jonathan Cape for no. 221 from *Dubliners* by James Joyce; Mouton and Co. for no. 237 from *De Kleine Johannes* by Frederik van Eeden; G. A. Oorschot for no. 240, 'De Dief', from *De Eilanden* by H. Alberts; Uitgeverij Contact for no. 245 from *Het Achterhuis* by Anne Frank; S. Carmiggelt for nos. 246 and 247, 'De Vertaling' and 'De Kunstschilder', from his *Tussen Mal en Dwaas*; and J. M. Meulenhoff for no. 248 from *De Grammar School* by Arthur van Schendel.

J. S.
R. P. M.

INTRODUCTION

Standard Dutch (Algemeen Beschaafd Nederlands, abbreviated as A.B.N.) is the official language of the Netherlands, and one of the two official languages of Belgium. It is difficult to define exactly what Standard Dutch is, just as difficult as it is to give an accurate description of the scope and usage of Standard English. Generally speaking we may say that Standard Dutch is the language spoken by the educated class in the Netherlands. Many people, however, show local variations in their speech. The regional characteristics of their speech may vary from a slightly different pronunciation of some vowels and consonants or the use of some different words, to a more or less pure dialect which phonetically and syntactically can be very different from Standard Dutch. The number of true dialect-speakers is declining rapidly through the influence of school, radio etc. From a linguistic point of view the dialects are interesting, as they have often preserved older forms of the language.

The position of Standard Dutch in the Netherlands is roughly the same as that of Standard English in Great Britain, weaker than that of Standard French in France, but stronger than the position of Standard German in Germany. In Belgium the position of Standard Dutch is not as strong as in the Netherlands, and there the majority of people still use the local dialects. This is due to the long-lasting predominance of French as the language of culture. The name *Flemish*, which is often used for the Dutch spoken in Belgium, is wrong. This name must be reserved for the dialects spoken in the north-western part of Belgium.

Standard Dutch, as a fully developed language of culture and civilization, has a long history. It developed out of the 12th and 13th-century Flemish literary tradition. When in the 14th, 15th and 16th centuries the duchy of Brabant (with Antwerp and Brussels) was the cultural centre of the Netherlands, the language received many Brabant features. Towards the end of the 16th century the centre of culture moved to Holland, and from then onwards the influence of the speech of Holland began to make itself felt, while during the 17th century *Hollands* was consciously used as a basis for the new standard language which was being built up. Yet modern Standard Dutch has preserved several features which were originally Flemish or Brabant dialect. Official legislation with regard to spelling and related matters is always made in close collaboration between the Belgian and Dutch governments.

Frisian, which is spoken in the province of Friesland, is not a Dutch dialect, but a separate language with remarkable affinities to English. For a long time it had the social position of a dialect, but during the last half century it has continuously pressed for recognition as a provincial standard language, not without scoring some success. Frisian also has a long literary tradition.

South African Dutch (*Afrikaans*) developed towards the end of the 17th century from the Dutch spoken by the settlers at the Cape. Its grammar and phonology underwent some revolutionary changes, but it is still closely related to modern Dutch.

In Indonesia Dutch exerted a strong influence on the Bahasa Indonesia or Standard Malay, which is now being further developed. In Surinam and in the Netherlands Antilles, Dutch is the official language.

As a language Dutch stands roughly half-way between the other two West Germanic standard languages: English and High German. It represents approximately what English might have become if there had been no Viking period and no Norman invasion. Its sound-system is conservative as compared with High German; its grammatical system, however, was simplified by the disappearance of the distinction between masculine and feminine gender, and of the case-forms. The many differences in pronunciation, vocabulary and idiom between Dutch and High German need the special attention of those who study the two languages at the same time.

Dutch literature has had an unbroken tradition from the 12th century onwards and has produced works of world standard in every main period.

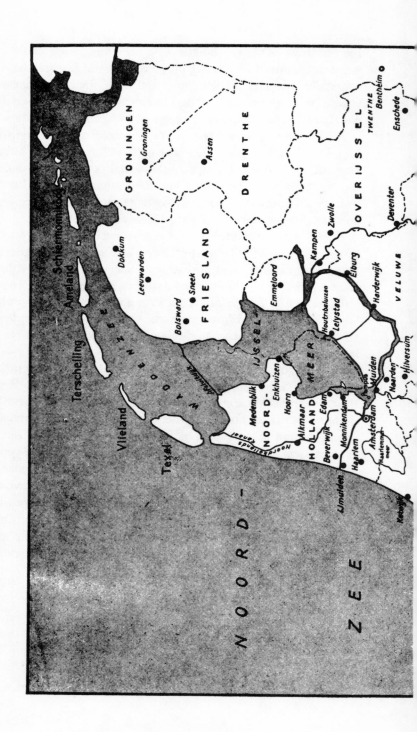

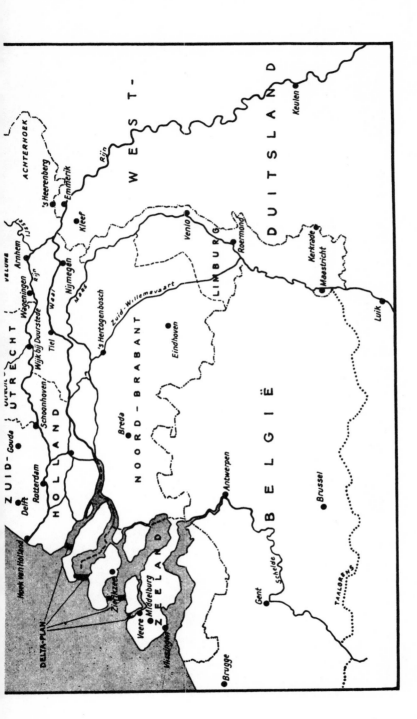

xiii

GRAMMAR

GRAMMAR

I
SOUNDS AND SPELLING

For acquiring an accurate pronunciation the help of a teacher is essential.

1

CONSONANTS

The consonants offer no great difficulties. They are divided as follows:

Hard consonants: p t k s f   ch h
Soft consonants: b d   z v,w g   j
Liquids and nasals: l m n ng   r

Hard consonants: p, t, k, s, f, ch, h.
p, t and *k* are not aspirated.
A *th* as in English does not occur in Dutch. Whenever *th* is spelt, it is pronounced as *t* (*thee, theater, Theo*).
h is always pronounced, except in unstressed *het*.
The two letters *ch* represent a single sound, identical with *ch* in Scotch *loch* (*lach, scherts, schrijven*); it is not pronounced in the ending *-isch* (*logisch*).

Soft consonants: b, d, z, g, v, w, j.
g represents the soft variation of *ch*. The difference between *g* and *ch* is often lost, especially with speakers from the western part of the Netherlands (*gaan, liggen, hoog*).
v is a soft *f*, but here too the difference is not always noticeable (*van, leven*).
w is not bilabial (i.e. formed between the two lips) like English *w*; it

is a labio-dental, i.e. formed with the upper teeth against the lower lip. Dutch *w* is very similar to English *v*. When *w* precedes *r* it is pronounced as *v* (*waar, duwen, lauw, wringen*).
j is pronounced as English *y* in *yacht* (*jaar, ajuin*).
An important rule in Dutch is that a word never ends in a soft consonant. Whenever in the spelling a soft consonant occurs at the end of a word, it must be pronounced as the corresponding hard consonant: *heb, bed, zag*, are pronounced as *hep, bet, zach*.

Liquids and nasals: l, m, n, ng, r.
ng is pronounced as in English *singer*, but is never followed by a separate *g*-sound as in English *finger*. When *n* is followed by *k* it is also pronounced as *ng* (*zanger, vinger, lang; dankbaar, koninklijk*). *r* is always pronounced. There are two variations: a guttural *r* and a tongue *r*, which are both officially accepted in Standard Dutch (*raar, oorlog, berg, kerk*).

2
COMBINATIONS OF CONSONANTS

In the combination *nj* the *n* is palatalized under the influence of the following *j*, also when *n* and *j* belong to different words (*anjer, kun je*). The combination *tj* is pronounced as one unit, very similar to *ch* in English *choose* (*katje*).
In *ntj* both *n* and *t* are palatalized (*kantje*).
The combination *sj* is pronounced as *sh* in English *shall*. When the *s* and *j* belong to different words the pronunciation is mostly soft, like *s* in English *measure* (*sjouwen, was je*).

3 [A]
ASSIMILATION OF CONSONANTS

When a hard and a soft consonant come together either both become hard or both become soft.
They both become hard when one of the two is a hard explosive.
(An explosive is a consonant which cannot be lengthened in pronunciation.)
They both become soft when one of the two is a soft explosive.

A *k* followed by a soft explosive is then pronounced like English *g* (*zakdoek, blijkbaar, ik ben*).
When a hard and a soft explosive collide, both usually become soft. They both become hard when neither of them is an explosive.

4

VOWELS

The Dutch vowels cannot be mastered without the help of a teacher. Dutch vowels are short and pure. Lengthening and adding of a second element as in English *may* and *so* makes them sound vulgar. They are divided in open and closed vowels.

Open vowels.
Open *a*, spelt *a* and *aa*[1], is similar to English *a* in *car, last,* but clearer (*praat, water, staan*).
Open *e*, spelt *e* and *ee*, can be compared with English *a* in *cake, lake* (*keek, weten, twee*).
Open *i*, spelt *i* and *ie*, is close to English *ee* or *ea* in *keep, peat* (*liep, dienen, niet*).
Open *o*, spelt *o* and *oo*, can be compared with English *o* or *oa* in *notice, boat* (*loop, lopen, boter*).
Open *u*, spelt *u* and *uu*, has no equivalent in English. It is the vowel heard in French *duc* (*minuut, nu, Rudolf*).
Dutch *oe*, although spelt with two letters, is a pure open vowel, comparable with *oo* in English *food*, but short (*hoed, voeten, koets*).
Dutch *eu*, also a pure vowel, does not occur in English. It is similar to French *eu* in *peu* (*vreugde, kleuter, teuten*).

All the above mentioned vowels are noticeably lengthened when occurring before an *r*. In that position *ee, oo* and *eu* also change their quality and are more closed than in other positions (*klaar, vier, vloer, muur, weer, voor, kleur*).

Closed vowels.
The closed vowels are always spelt with a single letter.
Closed *a* does not occur in English. It is heard in French *pas*. It is im-

---

1. For the rules governing the difference in spelling see § 6.

3

portant that the student should practise hearing and pronouncing the difference between open and closed *a* (*vat, trap, mak, glad*).

Closed *e* is half-way between the vowels in English *bed* and *bat, pen* and *pan* (*zet, ken, vent*).

Closed *i* is about equivalent to the vowel in English *pit* (*zit, liggen, winkel*).

Closed *o* is in between the *o* in English *hot* and French *donne* (*pot, hok, tor*).

Closed *u* does not occur in English (*put, zuster, vullen*).

The same sound in unstressed positions is similar to the first vowel in English *ago, awake*. In Dutch it is normally spelt *e*, but sometimes *i*, and *ij* in the ending *-lijk* (*witte, weten, geloven, bedelen, zeker; monnik, leeuwerik; onmogelijk, werkelijk, vrolijk*).

5

DIPHTHONGS

As has been said before, most Dutch vowels are pure. These pure vowels retain their initial quality all the time they are being sounded. In diphthongs the initial quality is not sustained, but changes, so that there is a distinct difference in quality between the beginning and the end of the sound.

The diphthongs *ei* (spelt *ei* and *ij*) begins with a closed *e*, passes through an open *ee*, and has finally the quality of *ie*. It hardly need be said that this change is a very rapid one and that the transition from the one stage to the other is almost imperceptible to a normal ear. The English sound which is nearest to this *ei* is the *a* in *cake*, which is also a diphthong. That is probably the reason why the student finds it difficult at first to recognize the *ei*, and why he tends to confuse it with the *ee*. It is really the latter, the pure open *ee*, which has to be learned as a new sound (*zeil, leiden, bereid; zijn, lijden, wijd*).

The diphthong *ou*, spelt *ou* and *au*, is similar to the vowel in English *house* (*hout, fout, blauw*).

The diphthong *ui* begins with a closed *u* and then passes quickly to an open *i* at the end of a word, in other positions to an open *u* (*lui, bui, trui; bruid, huis, fluit*).

Combinations of an open vowel with a following *i* or *w* are not really diphthongs. These combinations are *aai, ooi, oei, ieuw, uw* and *eeuw*. The *u* in *ieuw* and *eeuw* is not pronounced (*maai, mooi, groei, nieuw, ruw, meeuw*).

6

SPELLING

The spelling of Dutch words gives in general a true picture of the sounds. There are, however, a few rules which one has to know in order to be able to spell correctly.

The main rule is that the single letters *a, e, i, o, u,* represent the closed vowels, whereas the double letters *aa, ee, ie, oo, uu* represent the open vowels.

But sometimes the open vowels are represented only by the single letter:

Single *a, o, u* represent the open vowel when occurring

a) at the end of a word: *na, zo, nu*

b) before a single consonant directly followed by a vowel: *vader, loten, uren, dure, toneel, opa.*

Single *e* and *i* represent the open vowel when occurring before a single consonant followed by a vowel: *mede, keken; politiek, kritiek.* In this position the open *i* is also often spelt *ie: vielen, genieten.* It follows that at the end of a word open *e* is spelt *ee;* open *i* at the end of a word is spelt *ie.*

From the above rules it follows that when an open vowel occurs in any other position, it must be spelt with the double letter:

aap, praat, naast; zoon, groot, minuut, vuur;
naaste, grootste, duurste, puurder;
zee, twee, nee, mee; zie, drie, opinie;
meest, lees, geest.

Words which are used as first elements in compounds retain their original spelling:

nastaan (*na* and *staan*), autostalling (*auto* and *stalling*),
theetuin (*thee* and *tuin*), zeeleeuw (*zee* and *leeuw*),
opinieonderzoek (*opinie* and *onderzoek*).

A difficulty in Dutch spelling is the irregularity in the spelling of the colourless vowel mentioned in § 4, p. 4 (sometimes called "murmurvowel" or "neutral"). It is spelt in various ways, mostly however as *e*. It occurs only in unstressed syllables: med*e*del*e*n, b*e*wer*e*n, teg*e*nsprek*e*n, t*e*vred*e*n, lel*ij*k, moeil*ij*k; monn*i*k, hav*i*k.

In the ending *-isch*, which is of German origin, the *i* represents the open vowel, and the *ch* is not pronounced (pr. -ies): histor*isch*, Austral*isch*.

The spellings *ei* and *ij* represent the same sound. This distinction in spelling is due to a historical development which cannot be summarized in a simple rule. The same applies to the difference between *ou* and *au* (rule of etymology).

The fact that hard consonants at the end of a word are sometimes represented by their soft equivalents (be*d*, da*g*, we*b*) is due to the rule of uniformity: these words have a soft consonant in the inflected forms (be*dd*en, da*g*en, we*bb*en).

7

The spelling represents Dutch as it is spoken in its official form, e.g. on a public platform or in broadcasts. Everyday educated but unaffected speech differs in some respects, the most important of which are the following:

a) The *-n* in the ending *-en* is usually not pronounced. So *dagen* is pronounced *dage, lopen: lope, kinderen: kindere*.

N.B. this applies only to the *ending -en*. When *-en* is part of the original word it must, of course, be pronounced: *zien, been*.

b) The *d* between an open vowel or diphthong and unstressed *e* sometimes changes into *j* or *w*: gere*d*en becomes gere*je*, verle*d*en: verle*je*, goe*d*e: goe*ie*, ro*d*e: roo*ie*, hou*d*en: hou*we*, ou*d*e: ou*we*.

In some cases this *d* disappears together with the following *e*: broe*d*er: broer, we*d*er: weer, ve*d*er: veer, me*d*e: mee.

NOUNS AND ARTICLES

8

A noun can be preceded by an article and adjectives, can have a plural form and a diminutive form. Proper names do not take an article. The definite article (*the*) in Dutch is *de* or *het* (pr. *het, ut* or *t*) in the singular. In the plural it is always *de:* het huis, de kerk – plural: de huizen, de kerken.

Nouns taking the definite article *het* are called *neuter nouns*. The nouns which take *de* in the singular are called *common gender nouns*. No rules can be given for the division into neuter and common gender nouns, except that all diminutives are neuter.

Originally the common gender nouns were divided into masculine and feminine nouns, as still in High German. In Dutch this distinction has practically disappeared.

The indefinite article (*a* or *an*) in Dutch is *een* (pr. *un*). It is used with neuter nouns as well as common gender nouns: een huis, een kerk. The indefinite plural is not preceded by an article, e.g. churches – kerken. *Een* pronounced with an open *ee* means *one* (the numeral), which is sometimes indicated by an accent: *één*.

9

Generally speaking the articles are used in the same way as in English. There are some exceptions:

The definite article is used:

a) with abstract and collective nouns:

Het leven is een vreemde reis – Life is a strange journey.
De mens is sterfelijk – Man is mortal.

An exception to this rule is found in some proverbs:

Voorzichtigheid is de moeder van de porseleinkast – Prudence is the mother of wisdom.

b) with the names of the seasons:

De zomer volgt op de lente – Summer follows spring.

c) with the names of meals:

Het ontbijt wordt om negen uur opgediend – Breakfast is served at nine o'clock.

7

d) with the names of rivers, mountains, streets, bridges, parks:

de Rijn, de Vesuvius, de Nieuwstraat, de Berlagebrug, het Vondelpark.

e) with the words kerk, stad, markt, gevangenis, ziekenhuis:

Hij gaat 's zondags tweemaal naar de kerk – On Sundays he goes twice to church.
Morgen gaan we naar de stad – To-morrow we are going to town.
Hij heeft in de gevangenis gezeten – He has been in prison.

The indefinite article is not used:

a) with a noun following the verb "to be" and denoting profession, rank or quality of a person:

Mijn boer is timmerman   – My brother is a carpenter.
Zijn vader is generaal   – His father is a general.

When these nouns are accompanied by an adjective, they do take the article:

Mijn broer is een uitstekende timmerman – My brother is an excellent carpenter.

b) in adjuncts introduced by *als:*

Hij had veel succes als toneelspeler – He had much success as an actor.

c) in some expressions like:

Ik heb hoofdpijn   – I have a headache.
Hij ging uit zonder hoed   – He went out without a hat.
Hij heeft er recht op   – He has a right to it.

10

DIMINUTIVES

Diminutives are very frequently used in Dutch. They express smallness of size, but sometimes also endearment or contempt.
The diminutive ending is mostly *-je*, but in other cases *-tje, -etje, -pje* or *-kje:*

huis – huisje; kop – kopje; lamp – lampje; laan – laantje;
vlag – vlaggetje; riem – riempje; woning – woninkje.

All diminutives are neuter nouns.

11 [A]

The diminutive ending is *-tje:*
a) when the word ends in a vowel or diphthong:

auto – autootje; ui – uitje.

b) when the word ends in *l*, *n*, *r* preceded by an open vowel, a diphthong or the unstressed "murmur-vowel" *e:*

wiel – wieltje, been – beentje, haar – haartje, tuil – tuiltje, tuin – tuintje, regel – regeltje, leugen – leugentje, vlieger – vliegertje.

c) When the word ends in *w:*

touw – touwtje, nieuw – nieuwtje, duw – duwtje.

The diminutive ending is *-etje* when the word ends in *l*, *m*, *n*, *ng*, or *r* preceded by a closed vowel:

bal – balletje, kam – kammetje, ton – tonnetje, tong – tongetje, ster – sterretje.

Irregular are vlag – vlaggetje, and weg – weggetje.

The ending is *-kje* when the word ends in *ng* preceded by an unstressed vowel:

woning – woninkje, koning – koninkje.

The ending is *-pje* when the word ends in *m* preceded by an open vowel or unstressed *e:*

riem – riempje, raam – raampje, bezem – bezempje.

The nouns which have a vowel change in the plural sometimes form the diminutive with the vowel of the singular (dak, dag, slag, stad, gebed, weg, graf, bad, hof, schot, lot, slot, oorlog, smid), in other cases with the vowel of the plural (gat, vat, schip, glas, blad, pad).

12

PLURAL

The most frequent way of forming the plural of nouns is by adding *-en* to the singular. The *n* of this ending is usually not pronounced (see § 7):

plaats – plaatsen; schilderij – schilderijen.

The plural of *zee* is *zeeën*, of *twee: tweeën.*

Note the following rules for the spelling of these plurals:

a) nouns with *aa, ee, oo, uu* followed by a single consonant drop one of those letters in the plural, as the open vowel is then followed by one consonant and a vowel:

maan – manen, schaap – schapen, kleed – kleden, noot – noten, muur – muren.

b) nouns with a closed vowel followed by one consonant double this consonant in the plural (otherwise the vowel would have to be read as an open vowel):

man – mannen, lat – latten, kas – kassen, pet – petten, bril – brillen.

c) nouns spelt with final *b, d* or *g* (pronounced as *p, t, ch*) have the soft consonant in the plural:

web – webben, bed – bedden, huid – huiden, hoed – hoeden, tijd – tijden, plag – plaggen, teug – teugen.

d) nouns spelt with final *s* or *f* have *z* and *v* in the plural:

huis – huizen, baas – bazen, neef – neven, golf – golven, hals – halzen.

There are, however, also nouns which keep the *s* and *f* in the plural:

kers – kersen, kruis – kruisen, krans – kransen, kous – kousen, triomf – triomfen, fotograaf – fotografen.

e) a number of nouns have a closed vowel in the singular, and an open vowel in the plural:

dag – dagen, dak – daken, dal – dalen, blad – bladen, bad – baden, gat – gaten, glas – glazen, graf – graven, pad – paden, slag – slagen, vat – vaten; lot – loten, slot – sloten, hol – holen, god – goden, hof – hoven, schot – schoten, gebod – geboden, oorlog – oorlogen; spel – spelen, gebrek – gebreken, bevel – bevelen, weg – wegen; schip – schepen, lid – leden, smid – smeden, stad – steden.

All words in *-heid* have a plural in *-heden:*

zekerheid – zekerheden, schoonheid – schoonheden.

13

Many nouns form their plurals by adding *s* to the singular:

tafel – tafels, zoon – zoons.

The *s*-plural is used with:

a) nouns ending in -el, -em, -en, -er, -erd, -aar, -aard:

vleugel – vleugels, bezem – bezems, vlieger – vliegers, leugenaar – leugenaars.

b) nouns ending in *-a, -o, -u:*

massa – massa's, paraplu – paraplu's, auto – auto's.

In these cases the *s* is preceded by an apostrophe. There are a few exceptions, such as:

vlo – vlooien, reu – reuen.

c) most nouns ending in an unstressed vowel, including all diminutives:

lelie – lelies, tante – tantes, kaartje – kaartjes.

Exceptions to this rule include such words as:

lade, made, larve, hoeve, groeve, and all independently used adjectives (§23).

d) personal nouns in stressed *-ier* and *-eur:*

vliegenier – vliegeniers, directeur – directeurs.

Some nouns have a plural in *-en* and also a plural in *-s*. This applies to most nouns in unstressed *-ie:*

tralie – tralies, traliën
provincie – provincies, provinciën.

N.B. nouns in stressed *-ie* always take *en:*

genie – genieën, fotografie – fotografieën, theorie – theorieën.

When these two plurals occur, the plural in *-en* is usually more formal or dignified than the plural in *-s* (zoons – zonen, appels – appelen), but in other cases there is a definite difference in meaning:

letters (letters) and letteren (literature), tafels (tables) and tafelen (the tables of the law).

14

A few nouns have a plural in *-eren:*

ei – eieren, kind – kinderen, lam – lammeren, lied – liederen, rund – runderen, kalf – kalveren, been – beenderen (bones) [but: been – benen (legs)], blad – bladeren (leaves of a tree), [but: bladen (leaves of a book)], rad – raderen, gelid – gelederen.
kleren (clothes) is originally a plural of kleed.

15

Nouns in *-man* have a plural in *-lieden* or: *-lui:*

timmerman (carpenter) – timmerlieden, timmerlui
vakman (expert)   – vaklieden, vaklui
koopman (merchant)   – kooplieden, kooplui
staatsman (statesman) – staatslieden

The plurals in *-lui* are more familiar and colloquial than the plurals in *-lieden*.

But:
Fransman (Frenchman)   – Fransen
Engelsman (Englishman) – Engelsen
Noorman (Norseman)   – Noormannen

16
GENITIVE

Only proper names, nouns denoting family members, and indefinite pronouns such as *iemand, niemand, ieder* can have a genitive in the singular. This genitive is formed by adding *-s*:

vaders auto, tantes tuin, Jans zusje, ieders recht

These genitives always precede the nouns on which they depend, as shown in the examples. In all other cases a construction with the preposition *van* must be used, always following the noun on which it depends:

de helm van de politieagent – the policeman's helmet.

16 [A]

In the written language the genitive can be used more widely:
a) originally masculine or neuter nouns can take the genitive *-s* and are then preceded by the article in the genitive form: *des* or *eens*.

het recht des mans – man's right.
de hoofdstad des lands, or: 's lands hoofdstad – the capital of the country.
in naam des konings – in the name of the king.
's konings onderdanen – the king's subjects.

b) originally feminine nouns have no special genitive ending, but are preceded by the article in the genitive form: *der* or *ener*.

in naam der wet – in the name of the law
her voornemen der koningin – the intention of the Queen.

c) plural nouns have no special ending for the genitive, but can act as a genitive when preceded by *der* and a noun on which it is dependent:

het lot der kinderen – the children's fate.
de raad der ministers – cabinet council.

This genitive plural is still frequently used in the written language.

17 [A]
DATIVE

A real dative no longer exists in Dutch, but a number of forms

12

which are historically datives have been preserved in some expressions:

om den brode	– for a living.
te elfder ure	– at the eleventh hour.
van goeden huize	– of a good family.
met luider stemme	– with a loud voice.
te allen tijde	– at all times.
toentertijd	– at the time.

18

SEX

In many cases there are different words to indicate the sex of persons and animals:

man (man)	– vrouw (woman)
knecht (servant)	– meid (maid-servant)
stier (bull)	– koe (cow)
haan (cock)	– hen (hen)
hengst (stallion)	– merrie (mare)

But mostly the feminine is derived from the masculine by means of a special suffix. The most common suffixes are *-in, -ster, -es, -esse, -e:*

neger (negro)	– negerin	schrijver (author)	– schrijfster
boer (farmer)	– boerin	onderwijzer (teacher)	– onderwijzeres
graaf (count)	– gravin	secretaris (secretary)	– secretaresse
leeuw (lion)	– leeuwin	student (student)	– studente
uitgever (publisher)	– uitgeefster		

The suffixes *-in, -es* and *-esse* always have the stress.

Nouns in *-teur* have a feminine in *-trice:*

inspecteur (inspector)	– inspectrice
directeur (director)	– directrice.

III

ADJECTIVES

19

Dutch adjectives have two forms, one uninflected and one unstressed ending *-e:*

mooi (beautiful)	– mooie	goed (good)	– goed
rond (round)	– ronde	blauw (blue)	– blauwe

The addition of the ending *-e* generally causes the same phonetic and spelling changes as the addition of the plural ending *-en* to the noun, i.e.:

a) adjectives with open *aa, ee, oo* or *uu* followed by one consonant drop one of these letters:

laat (late)	— late	groot (large)	— grote
heet (hot)	— hete	bruut (brutish)	— brute

b) adjectives with a closed vowel followed by one consonant double this consonant:

plat (flat)	— platte	dof (dull)	— doffe
net (neat)	— nette	dun (thin)	— dunne

c) adjectives spelt with final *b, d,* or *g* (pronounced *p, t, ch*) have the soft consonant in the inflected form:

rond (round)	— ronde	breed (broad)	— brede
rood (red)	— rode	hoog (high)	— hoge

d) some adjectives in *f* or *s* have an inflected form with *v* or *z*, whereas other adjectives in *f* or *s* retain these sounds in the inflected forms:

doof (deaf)	— dove	lief (dear, sweet)	— lieve	laf (cowardly)	— laffe
boos (angry)	— boze	dwaas (silly)	— dwaze	vals (false)	— valse
vies (dirty)	— vieze	dof (dull)	— doffe	kies (delicate)	— kiese
braaf (honest)	— brave	los (loose)	— losse	kuis (chaste)	— kuise

20

The inflected form is used when the adjective precedes the noun:

een grote tuin	— a large garden
oude bomen	— old trees
de rode daken	— the red roofs
het warme continent	— the warm continent

There is one important exception to this rule. An adjective preceding a singular neuter noun is not inflected when

a) no article precedes it:

luid gelach — loud laughter

b) it is preceded by *een* (in both meanings: *a* or *one*), *geen* (no, not a), *enkel* (single), *veel* (much or many), *menig* (many a), *weinig* (little), *ieder* (each), *elk* (each), *welk* (which), *zo'n* (such a), *wat een* (what):

een mooi huis	– a beautiful house
geen groot gevaar	– no great danger
een enkel klein kind	– a single small child
veel oud brood	– much old bread

20 [A]

Sometimes the adjective is not inflected before singular common gender nouns denoting male persons and preceded by the indefinite article. There is often a difference in meaning between the inflected and the non-inflected forms:

een grote man	– a tall man
een groot man	– a great man
een oude soldaat	– an old soldier
een oud-soldaat	– an ex-soldier
een gewone soldaat	– an ordinary soldier
een gewoon soldaat	– a private

In other cases there is hardly any difference in meaning between the two forms, as in:

een goede man – een goed man

21

Some adjectives have no inflected forms:

a) adjectives in *-en* and meaning "made of":

een houten kerk – a wooden church

b) past participles in *-en:*

een geschreven brief – a written letter

c) adjectives derived from place-names by means of the suffix *-er:*

Haarlemmer olie, een Groninger koek.

d) comparatives of three and more syllables:

edeler – nobler; onverschilliger – more indifferent

e) rechter (right), linker (left), eigen (own), tevreden (contented), ontevreden (discontented), open (open), effen (smooth, plain).

f) there are a number of fixed expressions with neuter nouns in which the inflectional *e* is not used:

het menselijk lichaam	– the human body
het zuidelijk halfrond	– the southern hemisphere
het afwijkend gedrag	– deviant behaviour
het vorig jaar	– last year
zijn ouderlijk huis	– his parental home

15

Adjectives can be used to refer to a noun mentioned before. They take the inflected form (except when referring to a singular neuter noun and preceded by *een* or *geen*) and they are not followed by a word like *one* in English:

> Gebruik de grote kamer niet, maar de kleine — Do not use the large room, but the small one.
>
> Het oude huis hebben ze verkocht; ze hebben nu een nieuw — They sold the old house; they have a new one now.
>
> Eerst kregen we goede berichten, maar nu krijgen we slechte — At first we got good reports, but now we get bad ones.

23

Adjectives can also occur in an independent position, without referring to a specific noun, but always denoting persons. Then they take *-e* in the singular, and *-en* in the plural:

> de blinde (the blind person)— de blinden (the blind)
> een zieke (a sick person)   — de zieken (the sick)

Following words like *iets, niets, veel* and *weinig*, adjectives take *-s:*

> iets goeds — something good
> niets echts — nothing real
> iets nieuws — something new
> veel moois — many beautiful things
> weinig belangwekkends — little of interest.

25 [A]

It is not possible in Dutch to use nouns as attributes, as is done in "The Country Roads Board". A corresponding adjective has to be used instead, or a construction with *van* plus the noun, or a compound:

> The Transvaal Government — de Transvaalse regering, or: de regering van Transvaal.
> the six o'clock train — de trein van zes uur
> wool prices — de wolprijzen
> a business visit — een zakenbezoek.

26

COMPARISON

The ending of the comparative is *-er:*

mooi (beautiful)   – mooier
vermakelijk (amusing) – vermakelijker
De nieuwe tafel is mooier dan de oude – The new table is more beautiful than the old one.

Adjectives in *-r* take *-der:*

ver (far)   – verder
duur (expensive) – duurder
raar (odd, weird) – raarder
Huizen zijn nu duurder dan voor de oorlog – Houses are more expensive now than before the war.

The ending of the superlative is *-st:*

ver (far)   – verst
groot (large) – grootst

When the adjective ends in *-s,* only *-t* is added in the superlative:

dwaas (silly) – dwaast

Irregular formations are:

goed - beter - best   – good - better - best.
veel - meer - meest   – much - more - most
weinig - minder - minst   – little - less - least.

The superlative of adjectives used predicatively takes *het:*

In het voorjaar zijn de bomen het groenst—In spring
the trees are greenest.

27

When two persons or things are compared and the word *than* is not used, Dutch uses the superlative form:

Hij is de grootste van de twee – He is the taller of the two.
But:
Jan is veel groter dan zijn broer – John is much taller than his brother.
Hij is veel groter geworden – He has grown much taller.

IV

PERSONAL PRONOUNS

28

As in English most personal pronouns have a subject form and an object form.

	SUBJECT FORMS		OBJECT FORMS	
1. SING.	ik	(I)	mij	(me)
2. SING.	jij	(you)	jou	(you)
	u	(you)	u	(you)
3. SING.	hij	(he)	hem	(him)
	zij	(she)	haar	(her)
	het	(it)	het	(it)
1. PL.	wij	(we)	ons	(us)
2. PL.	jullie	(you)	jullie	(you)
	u	(you)	u	(you)
3. PL.	zij	(they)	ze, hen, hun (them)	

In the written language a distinction is made between the two forms for *them: hen* is used for the direct object and after prepositions, *hun* is used for the indirect object.

The pronouns of the second person *jij* (object form *jou*) and *jullie* are used between equals who know each other well, generally speaking between people who are on terms of christian names; *u* is the polite form, in the singular and in the plural. Another polite pronoun of the second person (sing. and pl.) is *gij* (object form *u*). This pronoun is mainly found in literary language; south of the great rivers it is used in the spoken language.

Hij — hem and *zij — haar* are used when referring to male and female persons. *Hij — hem*, and in a limited number of cases *zij — haar*, are also used to refer to common gender nouns, *het* when referring to neuter nouns.

28 [A]
REFERRING PRONOUNS

As a clear-cut distinction between masculine and feminine nouns has disappeared in the course of time, it is often difficult to know which pronoun should be used for referring to the nouns which take the article *de: hij* (*hem*), or *zij* (*haar*). This is the more difficult as there is no uniformity in the usage of these pronouns.

The general rule is to use *hij* and *hem* in all cases, except in the ones listed below.

Use *zij* (*ze*) and *haar* when referring to:

18

a) female persons and animals: tante (aunt), verpleegster (nurse), koe (cow), merrie (mare).

b) abstract and collective *de*-nouns ending in:

-heid: waarheid (truth), grootheid (greatness), hardheid (hardness), eenheid (unity)

-nis: kennis (knowledge), erfenis (inheritance), bekentenis (confession)

-ing (after the stem of a verb): regeling (regulation), regering (government), verdediging (defence)

-st (after the stem of a verb): kunst (art), winst (profit)

-schap[1]: blijdschap (joy), wetenschap (scholarship, learning), verwantschap (relationship)

-de or *-te:* begeerte (desire), liefde (love), hoogte (height), vreugde (joy), waarde (value)

-ie: familie (family), natie (nation), filosofie (philosophy).

For a full list see Woordenlijst Nederlandse Taal, 's- Gravenhage, 1954. Instead of *hij* or *zij,* and *hem* or *haar,* the pronoun *die* is freely used to refer to the common gender nouns.

As subject of the verb *zijn* the pronoun *het* is used to refer to all nouns and persons (sing. and pl.) when the predicate is a noun, or an adjective used as a noun:

> Deze stoel heb ik gisteren gekocht. Het is een mooie – I bought this chair yesterday. It is a nice one.
>
> Ik ken hem niet goed, maar ik weet wel dat het een vriendelijke man is – I don't know him well, but I do know that he is a kind man.
>
> Ik heb twee boeken voor je; het zijn biezonder goede – I have two books for you; they are particularly good ones.

But when the predicate is an adjective, *het* is only used with. singular neuter nouns:

> Dit boek heb ik gelezen; het is goed – I have read this book; it is good.
>
> Deze stoel heb ik gisteren gekocht; hij is mooi – I bought this chair yesterday; it is nice.
>
> Ik ken hem niet niet geed, maar ik weet wel dat hij vriendelijk is – I don't know him well, but I do know that he is kind.
>
> Ik heb twee boeken voor je; ze zijn biezonder goed – I have two books for you; they are particularly good.

---

1. Note that there is also a number of nouns in *-schap* which are neuter: landschap (landscape), vaderschap (fatherhood), lidmaatschap (membership).

Apart from the full forms given above, most of the personal pronouns also have unstressed forms, used both in the spoken and in the written language, when there is no need to emphasize:

FULL FORM	UNSTRESSED FORM
ik	'k (rarely written)
mij	me
jij	je
jou	je
hij	ie (only used when following a conjunction or a finite verb; hardly ever written)
hem	'm (rarely written)
zij (she)	ze
haar	'r or d'r (rarely written)
het (subj. and obj.)	't
wij	we
jullie (subj. and obj.)	je
zij (they)	ze
hen, hun	ze

Ons and *u* do not have unstressed forms.
When referring to things preference is given to the unstressed forms.

30

Het (*'t*) cannot be used after prepositions. Instead of a preposition followed by *het*, Dutch uses *er* or *daar* followed by the preposition: of it – *ervan* or *daarvan*. The construction with *daar* is used in emphatic positions, *er* is used when there is no special stress. These compounds are often separated by adjuncts. When there are no adjuncts they are written as one word.

> Dit is een mooi boek. Heb je ervan gehoord? – This is a nice book. Have you heard of it?
>
> Ja, ik heb *er* al lang geleden *van* gehoord – Yes, I heard of it a long time ago.

Them, when referring to things (not persons), and preceded by a preposition, is also often translated by *er*:

> Ken je al die boeken? Ik heb er maar enkele van gelezen – Do you know all those books? I have read only a few of them.

31

REFLEXIVE PRONOUNS

The object forms of the personal pronouns of the first and second persons are also used reflexively:

Je moet je wassen – You must wash yourself.
Ik heb me vanmorgen geschoren – I shaved this morning.

In the third person singular and plural *zich* is used:

Zij wassen zich – They wash themselves
Hij heeft zich vergist – He was wrong.

The second person singular and plural *u* usually takes *zich:*

Herinnert u zich die man? – Do you remember that man?

Many verbs which are not reflexive in English are reflexive in Dutch, e.g.:

zich scheren	– to shave
zich wassen	– to wash
zich herinneren	– to remember
zich vergissen	– to make a mistake, to be wrong
zich gedragen	– to behave
zich aankleden	– to dress
zich terugtrekken	– to withdraw
zich haasten	– to hurry
zich voelen	– to feel (well, hungry etc.)

Compounds of the personal pronouns with *zelf* are only used when extra emphasis is expressed:

Ik scheer me al jaren zelf – I have shaved myself for years.
Het kleine meisje kan zichzelf nog niet aankleden – The little girl cannot dress herself yet.

The word *zelf* alone is used to give emphasis to nouns and pronouns with non-reflexive verbs:

Ik heb het zelf gedaan – I have done it myself.
Ik heb het aan de man zelf gegeven – I gave it to the man himself[1].

31 [A]

In main clauses the reflexive pronoun immediately follows the finite verb and precedes the direct object:

1. *Zelfs* is *even*:
Zelfs hij heeft het gezien – Even he has seen it.
Zij hebben zelfs niet gelachen – They did not even laugh.

Ik herinner me zijn moeder nog goed – I remember his mother well
Ik verbeeldde me een zacht geluid te horen – I imagined I heard a faint sound.

In subordinate clauses the reflexive pronoun follows immediately after the subject:

Ik zei dat hij zich gauw moest aankleden – I said that he should dress quickly.

When, however, the direct object is *het*, it precedes the reflexive pronoun, in main clauses as well as in subordinate clauses:

Ik herinner het me niet zo goed meer – I do not remember it too well.
Ik verbeeldde het me beslist niet – I certainly did not imagine it.
Hij zei dat ik het me verbeeldde – He said that I imagined it.
Hij zei dat hij het zich niet meer herinnerde, *but*: Hij zei dat hij zich dat niet meer herinnerde.

32

The pronoun *men*, indicating "persons in general", is used when making general statements:

Men heeft wel gedacht dat de atoombom de oorzaak was – It has been thought that the atom bomb was the cause.

Men can only be used as *subject*.

V

VERBS. INFINITIVE, STEM, PRESENT TENSE

33

The infinitive ends in *-en*, sometimes in *-n*. When used by itself it is not preceded by an equivalent of English *to:*

lopen – to walk
staan – to stand

The forms of conjugation are derived from the stem. The stem of a verb is found by cutting off the ending *-en* (or *-n*) from the infinitive. The spelling of infinitive and stem is governed by the same rules as the spelling of the noun and its plural in *-en*.

INFINITIVE	STEM
a) praten (to talk)	praat
weten (to know)	weet
lopen (to walk)	loop
turen (to peer)	tuur

staan (to stand)	sta

b)
spatten (to splash)	spat
zetten (to put)	zet
stoppen (to stop)	stop

c)
lijden (to suffer)	lijd
vragen (to ask)	vraag
zuigen (to suck)	zuig
hebben (to have)	heb
liggen (to lie)	lig

d)
blijven (to remain)	blijf
golven (to wave)	golf
lezen (to read)	lees
verhuizen (to move)	verhuis
ruisen (to rustle)	ruis
blaffen (to bark)	blaf

Vowel changes between infinitive and stem do not occur.

34

PRESENT TENSE

ik	loop	loop ik?
jij	loopt	loop jij?
u	loopt	loopt u?
hij	loopt	loopt hij?
wij	lopen	lopen wij?
jullie	lopen (or: loopt)	lopen jullie? loop jullie?
u	loopt	loopt u?
zij	lopern	lopen zij?

a) The form of the first person singular consists of the stem only.
b) The second and third persons singular are formed by adding -*t* to the stem. This -*t* is also added when the stem ends in -*d*, and the -*dt* is then pronounced as -*t*. The -*t* is not added when the stem ends in -*t:*

jij lijdt	(inf. lijden)	jij zit	(inf. zitten)
hij wordt	(inf. worden)	hij weet	(inf. weten)

c) When the pronoun *jij* (*je*) follows the finite verb, the -*t* is not added:

loop	jij?	word	jij?
vraag	jij?	weet	jij?

d) The pronoun *u* (sing. and pl.) takes the form of the second person singular. In the conjugation of a few irregular verbs *u* can also take the form of the third person singular:

u hebt – u heeft

When *u* follows the finite verb, the form with -*t* is always used:

vraagt u?
wordt u?

e) The plurals with *wij* (*we*) and *zij* (*ze*) are identical with the infinitive. *Jullie* takes either the infinitive form, or stem + *t*. When *jullie* follows the verb, the infinitive form or the stem can be used.

35

IMPERATIVE

The imperative consists of the stem only.
In the written language stem + *t* is sometimes used for the plural.

Sta op! – Stand up!   Neem je boek! – Take your book!
Ga weg! – Go away!   Leest dit boek! – Read this book!

There is also a polite imperative, which has the form of the interrogative but without the intonation of a question:

Gaat u zitten   – Sit down, please.
Komt u binnen – Come in, please.

36

PROGRESSIVE FORM

Where English has a progressive form, Dutch often uses a present or past tense:

She is reading a book – Zij leest een boek.
He was walking fast   – Hij liep hard.

The progressive (continuous) function can, however, be expressed in various other ways:

a) *aan + het + infinitive:*

Hij is aan het tuinieren – He is gardening

b) *bezig + te + infinitive:*

Hij was bezig een brief te schrijven – He was writing a letter

24

c) the verbs *liggen, zitten, staan, lopen* can express continued action when followed by *te* + *infinitive* (but only when the meaning of these verbs fits in with the context):

Zij zit te naaien   – She is sewing.
Hij ligt te slapen   – He is sleeping.
Hij staat te wachten – He is waiting.

37

Dutch does not use an auxiliary for negative and interrogative sentences:

Ga niet   – Do not go.
Hij spreekt niet   – He does not speak.
Rook niet zo veel   – Don't smoke so much.
Zie je die vuurtoren? – Do you see that lighthouse?

38 [A]

In English the speaker often solicits a confirmation of his statement by adding a question with a form of *to do* or of the auxiliary used in the sentence. Dutch has other ways of asking for confirmation, e.g. by using an adverb (*zeker, wel, toch*) or by adding *niet waar?*, *niet?, he?*

Ik heb het je toch gezegd?   – I told you, didn't I?
Je gaat toch mee, niet
waar?   – You will come, won't you?
Ze komt toch wel?   – She will come, won't she?

When a form of *to do* is used to give emphasis, Dutch also uses an adverb (*wel, toch*):

Ze kwam wel   – She did come.
Hij wist het wel – He did know it.

In the last two examples the word *wel* carries the stress, whereas in the earlier examples (ze komt toch wel?) *wel* is unstressed.

39

PRESENT PARTICIPLE

The present participle is formed by adding *d* or *de* to the infinitive:

lopend(e) – walking
kijkend(e) – looking

Dutch has no gerund (i.e. present participle used as a noun).
Where English uses a gerund, Dutch often has an infinitive, sometimes preceded by *te:*

Niet roken – No smoking.
Ik houd van fietsen – I like cycling.
Hij hield op met lachen – He stopped laughing.
Zij stond op zonder een woord te zeggen – She stood up without saying a word.
Zou je de deur dicht willen doen? – Would you mind closing the door?

These infinitives used as nouns are always neuter:

het huilen – the crying
het fietsen – the cycling

VI

VERBS. REGULAR PAST TENSE AND PAST PARTICIPLE. SEPARABLE VERBS

41

The regular past tense is formed by adding *-te* (plural *-ten*) to the stem, when the stem ends in a hard consonant. In all other cases *-de* (plural *-den*) is added:

ik	werkte	ik	hoorde
jij	werkte	jij	hoorde
u	werkte	u	hoorde
hij	werkte	hij	hoorde
wij	werkten	wij	hoorden
jullie	werkten	jullie	hoorden
u	werkte	u	hoorde
zij	werkten	zij	hoorden

INF.
praten (to talk) – hij praatte
stoten (to push) – ik stootte
blaffen (to bark) – de hond blafte
branden (to burn) – de huizen brandden
tobben (to worry) – jullie tobden

The spellings *praatte, stootte, brandden* show that the rule of uniformity is strictly observed. There is no difference in sound between *wij praten* and *wij praatten*, or between *zij stootten* and *zij stoten.*

Stems ending in *v* or *z* retain that sound and add *-de* (*-der*), but spell *f* and *s:*

> leven (to live)   – hij leefde (pr. leevde)
> geloven (to believe) – ik geloofde (pr. geloovde)
> verhuizen (to move) – zij verhuisden (pr. verhuizden)

43

PAST PARTICIPLE

The regular past participle is formed by prefixing *ge-* to the stem and adding *t* in the cases where the past tense has *-te, d* in all other cases:

> werken (to work) – gewerkt
> blaffen (to bark) – geblaft
> horen (to hear)   – gehoord
> leven (to live)   – geleefd
> tobben (to worry) – getobd (pr. getopt)

When the stem ends in *-d* or *-t*, no extra *d* or *t* is added in the past participle:

> branden (to burn) – gebrand
> praten (to talk)   – gepraat

The past participle can be used as an adjective and is then inflected in the normal way. When a past participle in *d* is inflected, this consonant is softened:

> zaaien (to sow) – gezaaid
> het gezaaide graan

44

SEPARABLE AND INSEPARABLE VERBS

Compound verbs fall into two groups: those with a stressed prefix, and those with an unstressed prefix.

The verbs with a stressed prefix are separable, i.e. in simple sentences the finite forms are split. The prefix then goes to the end of the sentence:

> òppakken (to pick up) – hij pakt de bal op – he picks the ball up

The past participle of these verbs is formed by putting *ge* in between the two elements of the verb:

> INF.
> òppakken – past participle: opgepakt

Verbs which have an unstressed prefix are inseparable. They include all verbs with *be-*, *ge-*, *ver-*, *her-*, *er-*, *ont-*. These verbs do not take *ge-* in the past participle.

gelòven (to believe)   – geloofd
veròveren (to conquer) – veroverd

44 [A]

The finite forms of separable verbs are split in simple sentences and main clauses:

vòòrstellen: hij stelde een verandering voor – he proposed an alteration
gòèdkeuren: toen hij het plan had gehoord, keurde hij het goed – when he had heard the plan, he approved of it.
àànkomen: nadat hij een uur gelopen had, kwam hij bij zijn hotel aan – after he had walked for an hour he arrived at his hotel.

In subordinate clauses the infinitives of separable verbs can be separated by finite verbs:

Hij zei dat ik wat vroeger op moest staan (or: moest opstaan) – He said that I should get up a little earlier.
Ik dacht dat ik hem om zag keren (or: zag omkeren) – I thought that I saw him turn around.
Ik zei hun dat ze weg konden gaan (or: konden weggaan) – I told them that they could go away.

The finite forms of separable verbs are not split in subordinate clauses:

Toen de zon onderging, liepen ze naar huis – When the sun set, they walked home.
Terwijl hij zijn koffers inpakte, dacht hij aan de vakantie – While he packed his cases he thought of the vacation.

Present participles are never split:

De leraar knikte goedkeurend – The teacher nodded approvingly.

When *op-*, *af-*, *in-*, *uit-*, *mee-* (*mede-*), *tegén-* are used as prefixes of compound verbs, they are always stressed, and the verbs are consequently separable:

òpvangen (to catch) – hij vangt op – hij heeft opgevangen
àfsnijden (to cut off)
ìnbreken (to break in)
ùìtbarsten (to burst out)
mèèdelen, or: mèdedelen (to communicate, to inform)
tègenspreken (to contradict)

The prefixes *aan-, door-, onder-, over-, voor-, om-* can be either stressed or unstressed:

áànhalen (to quote) – hij haalt aan – aangehaald
aanvàárden (to accept) – hij aanvaardt – aanvaard
vòòrstellen (to propose) – hij stelt voor – voorgesteld
voorspèllen (to predict) – hij voorspelt – voorspeld.

Prefixes which are always unstressed, are mentioned in § 44.

There are some pairs of compound verbs of which one has the stress on the prefix whereas the other has the stress on the verbal element, in which cases there is always difference in meaning:

dòòrlopen (to walk, on, through) – doorlòpen (to pass through, to complete)
òndergaan (to set) – ondergàán (to undergo)
ònderhouden (to keep under) – onderhòùden (to maintain)

We liepen de tuin door – We walked through the garden.
Hij doorlièp vier klassen van de school – He completed four classes of the school.
De zon is òndergegaan – The sun has set.
Hij heeft een ernstige operatie ondergàán – He has undergone a serious operation.
In het zwembad hield zijn broer hem een paar seconden onder – In the swimming bath his brother kept him under for a few seconds.
De tuinman onderhièld de tuin met veel zorg – The gardener kept the garden with much care.

N.B. The accents used in this chapter are not found in the normal spelling.

VII

VERBS. STRONG AND IRREGULAR VERBS

45

The great majority of Dutch verbs form their past tense and past participle in the regular way, as set out in the previous chapter. There are, however, about 120 *strong* verbs which form the past tense by changing the vowel of the stem. In the singular of the past tense there is no ending, in the plural the ending is *-en*. The past participle takes *ge-* as prefix, and ends in *-en*.

INF.	PAST TENSE		PAST PARTICIPLE
zingen (to sing)	ik	zong	gezongen
	jij	zong	
	u	zong	
	hij	zong	
	wij	zongen	
	jullie	zongen	
	u	zong	
	zij	zongen	

A full list of strong verbs is given at the end of this book. As they are very frequent it is strongly recommended that they should be committed to memory.

46

In most cases the past tense singular, the past tense plural and the part participle have the same vowel:

bergen (to store) – borg – borgen – geborgen

In some other cases the past tense singular and the past tense plural have the same vowel, whereas the past participle has a different one:

sterven (to die) – stierf – stierven – gestorven

There are also some verbs which have a closed vowel in the past tense singular and the corresponding open vowel in the past tense plural:

lezen (to read) – las – lazen – gelezen

So in order to know all the forms of a strong verb, it is necessary to know:

a) the infinitive (from which the present tense and the imperative are derived)
b) the past tense singular
c) the past tense plural
d) the past participle
These four forms are called the principal parts.

47

There is also a group of verbs with a regular past tense in -te or -de, and a past participle in -en (mixed conjugation):

bakken (to bake) – bakte – bakten – gebakken
malen (to grind) – maalde – maalden – gemalen.

These verbs are included in the list at the end of this book.
Another group of verbs has a vowel change in the past tense and a
past participle in -t:

zoeken (to seek) – zocht – zochten – gezocht
brengen (to bring) – bracht – brachten – gebracht.

There are also some verbs with both a weak and a strong past tense:

jagen (to hunt) – joeg or jaagde – gejaagd
melken (to milk) – melkte or molk – gemolken.

48

Some very common strong verbs are:

beginnen (to begin)	– begon	– begonnen	– begonnen
begrijpen (to understand)	– begreep	– begrepen	– begrepen
binden (to bind)	– bond	– bonden	– gebonden
blijven (to remain)	– bleef	– bleven	– gebleven
breken (to break)	– brak	– braken	– gebroken
drinken (to drink)	– dronk	– dronken	– gedronken
eten (to eat)	– at	– aten	– gegeten
geven (to give)	– gaf	– gaven	– gegeven
helpen (to help)	– hielp	– hielpen	– geholpen
houden (to hold)	– hield	– hielden	– gehouden
kijken (to look)	– keek	– keken	– gekeken
komen (to come)	– kwam	– kwamen	– gekomen[1]
krijgen (to get)	– kreeg	–kregen	– gekregen
laten (to let)	– liet	– lieten	– gelaten
lezen (to read)	– las	– lazen	– gelezen
liggen (to lie)	– lag	– lagen	– gelegen
lopen (to walk)	– liep	– liepen	– gelopen
nemen (to take)	– nam	– namen	– genomen
rijden (to ride)	– reed	– reden	– gereden
roepen (to call)	– riep	– riepen	– geroepen
slapen (to sleep)	– sliep	– sliepen	– geslapen
spreken (to speak)	– sprak	– spraken	– gesproken
springen (to jump)	– sprong	– sprongen	– gesprongen
sterven (to die)	– stierf	– stierven	– gestorven
vallen (to fall)	– viel	– vielen	– gevallen

1. The present tense singular of *komen* is also irregular: ik kom, jij komt, hij
komt.

vangen (to catch)	– ving	– vingen	– gevangen
vergeten (to forget)	– vergat	– vergaten	– vergeten
vinden (to find)	– vond	– vonden	– gevonden
worden (to become)	– werd	– werden	– geworden
zenden (to send)	– zond	– zonden	– gezonden
zingen (to sing)	– zong	– zongen	– gezongen
zitten (to sit)	– zat	– zaten	– gezeten
zwemmen (to swim)	– zwom	– zwommen	– gezwommen
zwijgen (to be silent)	– zweeg	– zwegen	– gezwegen

Some very common irregular verbs are:

brengen (to bring)	– bracht	– brachten	– gebracht
denken (to think)	– dacht	– dachten	– gedacht
doen (to do)	– deed	– deden	– gedaan
gaan (to go)	– ging	– gingen	– gegaan
kopen (to buy)	– kocht	– kochten	– gekocht
lachen (to laugh)	– lachte	– lachten	– gelachen
slaan (to beat)	– sloeg	– sloegen	– geslagen
staan (to stand)	– stond	– stonden	– gestaan
vragen (to ask)	– vroeg	– vroegen	– gevraagd
weten (to know)	– wist	– wisten	– geweten
zeggen (to say)	– zei	– zeiden	– gezegd
zien (to see)	– zag	– zagen	– gezien
zoeken (to seek, look for)	– zocht	– zochten	– gezocht

49

Seven very frequent verbs, often used as auxiliaries, show irregularities in the past tense and past participle, and also in the present tense.

a) hebben (to have)

	PRESENT TENSE	PAST TENSE	PAST PARTICIPLE
SING.	ik heb	had	gehad
	jij hebt (heb jij ?)		
	hij heeft		
PL.	hebben	hadden	

The polite forms are: *u hebt*, or *u heeft*, sing. and pl.
The forms with *jullie* are: *jullie hebt* or *jullie hebben* (*hebben jullie?*)
The imperative is *heb*.

b) *zijn (to be)*

	PRESENT TENSE	PAST TENSE	PAST PARTICIPLE
SING.	ik ben	was	geweest
	jij bent (ben jij ?)		
	hij is		
PL.	zijn	waren	

U bent, or *u is; jullie bent,* or *jullie zijn (zijn jullie?)*
Imperative: *wees*

c) *zullen (shall, will)*

	PRESENT TENSE	PAST TENSE	PAST PARTICIPLE
SING.	zal	zou	no past participle
PL.	zullen	zouden	

jig zult, or *jij zal (zul jij?); u zal,* or *u zult; jullie zult,* or *jullie zullen (zullen jullie ?)*

d) *kunnen (can, to be able to),*

	PRESENT TENSE	PAST TENSE	PAST PARTICIPLE
SING.	kan	kon	gekund
PL.	kunnen	konden	

jij kan, or *jij kunt (kun jij?); u kan,* or *u kunt (kunt u?); jullie kunt,* or *jullie kunnen (kunnen jullie?)*

e) *mogen (may, to be allowed to)*

	PRESENT TENSE	PAST TENSE	PAST PARTICIPLE
SING.	mag	mocht	gemoogd
PL.	mogen	mochten	

f) *willen (will, to want)*

	PRESENT TENSE	PAST TENSE	PAST PARTICIPLE
SING.	wil	wilde	gewild
PL.	willen	wilden	

In the spoken language the form *wou* is often used instead of *wilde;* the plural *wouden* (pr. wouen) is very colloquial.
jij wil, or *jij wilt* (*wil jij?*); *u wil*, or *u wilt; jullie wilt*, or *jullie willen* (*willen jullie?*)

g) *moeten* (*must, to have to*)

	PRESENT TENSE	PAST TENSE	PAST PARTICIPLE
SING.	moet	moest	gemoeten
PL.	moeten	moesten	

jullie moet, or *jullie moeten* (*moeten jullie?*)

50[A]

Note the following translations of *should, would, may, might* and *could:*

Should:

I think that he should (ought to) do it – Ik vind dat hij het moet (behoort te) doen.
He should (ought to) be ashamed of himself – Hij moest zich schamen, or: hij behoorde zich te schamen.
He should (ought to) have gone home – Hij had naar huis moeten gaan.
If he should ask you for money, don't give him anything – Als hij je om geld mocht vragen, geef hem niets.
It is strange that he should refuse to do this – Het is vreemd dat hij weigert dit te doen.

Would:

Would you do this for me? – Zou je dit voor me willen doen?
I can't believe that he would do a thing like that – Ik kan niet geloven dat hij zo iets zou doen.
I would have done anything to prevent this – Ik had alles willen doen om dit te voorkomen, or: ik zou alles hebben willen doen om dit te voorkomen.
Every year they would make the same trip – Elk jaar maakten ze dezelfde reis, or: elk jaar plachten ze dezelfde reis te maken.

May:

This story may be true – Dit verhaal kan waar zijn.
He may have gone home – Hij kan naar huis zijn gegaan.

Whatever he may do, I'm sure he will be honest – Wat hij ook moge doen, ik weet zeker dat hij eerlijk zal zijn.

Whatever he may have done, ... – Wat hij ook gedaan moge hebben, . . .

Might:

Don't go away, he might still come – Ga niet weg, hij kan nog komen, or: hij zou nog kunnen komen.

You might ask him to come with us – Je zou hem kunnen vragen met ons mee te gaan.

He might have asked his father whether it was all right – Hij had zijn vader wel eens kunnen vragen of het goed was.

Could:

I could ask him to give you a ring – Ik zou hem kunnen vragen je op te bellen.

Could you lend me that book? – Zou je me dat boek kunnen lenen?

Nobody could have stopped him – Niemand had hem kunnen tegenhouden, or: niemand zou hem hebben kunnen tegenhouden.

VIII

VERBS. COMPOUND VERBAL CONSTRUCTIONS

51

Auxiliary verbs are used for the formation of the future and perfect tenses, and for all tenses of the passive voice.

52

FUTURE

Whereas English has two auxiliaries (shall and will) for the formation of the future, Dutch has only one: *zullen*. It is combined with the infinitive:

Ik zal gaan – I shall go.

Wij zullen wat sneller lopen – We shall walk a little faster.

Hij zou volgende week vertrekken – He would leave next week.

The future is also often expressed by the present tense:

Morgen ga ik naar Amsterdam – Tomorrow I'm going to Amsterdam.

Dat doe ik later wel – I'll do that later.

PERFECT

Whereas in modern English the perfect tense is always formed with the auxiliary *to have* and a past participle, Dutch uses either the auxiliary *hebben* or *zijn:*

Ik heb hem niet gezien – I have not seen him.
We hadden juist het raam geopend – We had just opened the window.
Ik ben met de trein van zes uur gekomen – I have come by the six o'clock train.
Mijn broer is uit een trein gevallen – My brother has fallen out of a train[1].

54

PAST PERFECT AND FUTURE

Ik had gezien – I had seen.
Hij was gegaan – He had gone.
Ik zal gezien hebben – I shall have seen.
Hij zal gegaan zijn – He will have gone.
Jij zou gezien hebben – You would have seen.
Hij zou gegaan zijn – He would have gone.

55

Most verbs take *hebben* to form the perfect tenses.
Zijn is used with verbs expressing *motion*, but usually not having an object, or *the passing from one condition or state into another*, e.g. worden (to become), gaan (to go), sterven (to die), vallen (to fall), vertrekken (to leave), and also with the verbs *blijven* and *zijn* itself:

Zij zijn naar huis gegaan – They have gone home.
De bladeren zijn geel geworden – The leaves have turned yellow.
Ik ben op de tentoonstelling geweest – I have been at the exhibition.

55 [A]

Some verbs of motion can take either *hebben* or *zijn.* They take when the *action* is stressed, they take *zijn* when the emphasis is placed on the *change of place:*

Ik heb niet gelopen, maar gefietst – I did not walk, but I cycled.
Hij is verleden jaar naar Friesland gefietst – Last year he cycled to Frisia.
Gisteren heb ik twee uur gelopen – Yesterday I walked for two hours.

---

1. As these examples show, the past participle goes to the end of the sentence.

Na de vergadering ben ik naar huis gelopen – After the meeting I walked home.

56 [A]

USE OF THE TENSE

When English uses the past tense accompanied by an adjunct of time, Dutch uses as a rule the perfect:

Gisteren ben ik naar Utrecht gegaan – Yesterday I went to Utrecht.
Verleden jaar heb ik een auto gekocht – Last year I bought a car.
Wanneer heb je hem het laatst gezien? – When did you see him last?
Hij is lange tijd weg geweest – He was away for a long time.

When English uses the perfect tense, denoting that the action began in the past and is continued into the present, Dutch as a rule uses the present tense (often accompanied by the adverb *al*):

Hij woont al jaren in dit huis – He has been living in this house for years.
Hij is soldaat sinds 1975 – He has been a soldier since 1975.

57

When in English the past participle is followed by an infinitive, in Dutch the past participle is replaced by the corresponding infinitive. In such cases the past participle *geweest* is replaced by *wezen*, not by *zijn*.

Hij is komen kijken – He has come to look.
Ik ben niet wezen kijken – I have not been to look.
Ik heb niet kunnen gaan – I have not been able to go.
Ik heb niet mogen gaan – I have not been allowed to go.
Ik heb niet willen gaan – I have not wanted to go.
Ik heb niet moeten gaan – I have not been obliged to go.
Hij heeft het niet willen doen – He has not wanted to do it.
Zij heeft die film niet kunnen zien – She has not been able to see that film.
Ze zijn naar het nieuwe huis wezen kijken – They have been to look at the new house.
Ik heb het hem horen zeggen – I have heard him say it.
We hebben hen zien voorbijgaan – We have seen them pass.

58 [A]

In compound constructions with an infinitive, the infinitive is preceded by *te:*

De jongens begonnen te vechten – The boys began to fight.

De man vergat zijn jas aan te trekken – The man forgot to put on his coat.
Hij staat al een uur te wachten – He has been waiting for an hour.
Hij ligt op zijn bed te lezen – He lies on his bed reading.

te is not used when the infinitive is combined with one of the following verbs:

zullen, kunnen, willen, mogen, moeten, laten, blijven, leren, gaan, komen, doen, zien, horen, voelen, helpen.

Wij kunnen dit verhaal lezen – We can read this story.
Ik laat de auto wassen – I have the car washed.
Ik ga morgen vissen – I'll go fishing to-morrow.
De dokter komt naar het zieke kind kijken – The doctor comes to look at the sick child.

In interrogative and negative sentences, *durven* is often combined with an infinitive without *te:*

Ik durf niet aan morgen (te) denken – I do not dare think of to-morrow[1].

59
PASSIVE VOICE

The passive voice is formed with the auxiliaries *worden* or *zijn*, and a past participle.

Worden is used in the present, past and future tenses:

Veel huizen worden tegenwoordig van baksteen gebouwd – At present many houses are built of brick.
Vroeger werden huizen vaak van natuursteen gebouwd – Formerly houses were often built of stone.
Hier zullen nieuwe huizen gebouwd worden – New houses will be built here.
Hier zou een nieuw huis gebouwd worden – Here a new house would be built.

Zijn is used in the perfect tenses:

Het huis is tenslotte gebouwd – The house has finally been built.
Het huis was gebouwd – The house had been built.
Het huis zal gebouwd zijn – The house will have been built.
Het huis zou gebouwd zijn – The house would have been built.

By *whom* the action is performed, is expressed by *door* followed by

1. As these examples show, the infinitive also goes to the end of a simple sentence.

a noun or pronoun:

Dat huis is door een architect gebouwd – That house has been built by an architect.

Ze werden door hun vrienden in de stad gezien – They were seen in the city by their friends.

60 [A]

As *zijn* is also used to form the active perfect tense of some intransitive verbs (see VIII, 55), there is no formal difference between the active perfects of those verbs and the passive perfects of all other verbs:

Hij is in Amsterdam aangekomen – He *has* arrived in Amsterdam.

Hij is in Amsterdam gezien – He *has been* seen in Amsterdam.

Hij was twee dagen gebleven – He *had* stayed for two days.

Hij was gevonden door een vriend – He *had been* found by a friend.

The meaning of the past participle, however, makes the construction clear.

61 [A]

Passive constructions of which the subject would be indirect object in the corresponding active sentence, do not exist in Dutch. When the subject is a personal pronoun, the object form of this pronoun is used in Dutch:

Hem werd gevraagd te vertrekken – He was asked to leave.

Mij is een goede betrekking aangeboden – I have been offered a good position.

62 [A]

There is also an impersonal passive construction with *er:*

Er werd op de deur geklopt – There was a knock at the door.

Gedurende de vergadering werd er veel gerookt – There was much smoking during the meeting.

A construction with *er* is also often used in the passive voice, when the subject is a noun preceded by the indefinite article or without an article. *Er* may begin the sentence, or may follow immediately after the finite verb.

Er werd na een jaar weer een huis gebouwd, or: Na een jaar werd er weer een huis gebouwd – A year later another house was built.

Er worden op het ogenblik geen kaartjes verkocht, or: Op het ogenblik worden er geen kaartjes verkocht – No tickets are being sold at the moment.

When the sentence contains an adjunct of place, *er* can only be used at the beginning of the sentence:

Er worden in die winkel oude boeken verkocht – Old books are sold in that shop.

When the sentence *begins* with an adjunct of place, *er* is not normally used:

In die winkel worden oude boeken verkocht – In that shop old books are sold.
But: In Engeland werd er gedacht dat er geen reden was om niet te profiteren van de EEG – In England people were of the opinion that there was no reason not to reap the benefits of the EEC.

IX

POSSESSIVE PRONOUNS

63

The possessive pronouns are:

		SINGULAR	PLURAL
1st	PERS.	mijn	ons
2nd	PERS.	jouw (familiar)	jullie (familiar)
		uw (polite)	uw (polite)
3rd	PERS.	zijn (masc. and neuter)	hun
		haar (fem.)	

Ons is inflected like an adjective. The inflected form is *onze:*

Dit is ons huis en hier is onze tuin – This is our house and here is our garden.

64

In spoken Dutch the possessive pronouns often have unstressed forms:

		SINGULAR	PLURAL
1st	PERS.	m'n	
2nd	PERS.	je (familiar)	je (familiar)
3rd	PERS.	z'n (masc. and n.)	d'r
		d'r (fem.)	

40

Of these unstressed forms only *je* (sing. and pl.) is regularly written.
Ons has no unstressed form.

65

Possessive pronouns can also be used to refer to a noun mentioned
before. Then they take an -*e* and are preceded by the definite article:

> Dat is jouw kamer niet, maar de mijne – That is not your room, but mine.
> Dat is mijn boek niet, maar het jouwe – That is not my book, but yours.

Jullie has no corresponding inflected form.
When it is used to refer to a noun mentioned before, it is preceded
by *die van* or *dat van*:

> Ons huis heeft een tuin en dat van jullie niet – Our house has a garden and
> yours has not.
> Zijn stoelen zijn oud en die van jullie nieuw – His chairs are old and yours are
> new.
> Onze hond is groter dan die van jullie – Our dog is bigger than yours.

66

More usual is the construction with *van* followed by a personal
pronoun:

> Die kamer is niet van jou, maar van mij – That room is not yours, but mine.
> Dat boek is niet van mij, maar van jou – That book is not mine, but yours.

Since *jullie* has no inflected form, this construction is the only one
possible with it:

> Dat boek is niet van mij, maar van jullie – That book is not mine, but yours
> (plural).

The same construction with *van* is used for *of mine, of yours* etc.:

> Is hij een vriend van jou? – Is he a friend of yours?

X

DEMONSTRATIVE PRONOUNS

67

The demonstrative pronouns are:

a) deze or *dit* – this
Dit is used with singular neuter nouns, *deze* in all other cases.

    Dit huis – this house   Deze man – this man

b) deze – these

    Deze huizen – these houses   Deze mannen – these men

c) die or *dat* – that
Dat is used with singular neuter nouns, *die* in all other cases.

    Dat huis – that house   Die man – that man

d) die – those

    Die huizen – those houses   Die mannen – those men

68 [A]

Deze, dit, die and *dat* can be used as independent pronouns, referring to both persons and things. *Dit* and *dat* are used to refer to persons and things, singular and plural, when followed by a form of *zijn, worden, schijnen, lijken, blijken, blijven:*

    Dit is een aardig huis, maar dat vind ik lelijk – This is a nice house, but that one, I think, is ugly.
    Hij heeft geen pen; ik zal hem deze geven – He has no pen; I shall give him this one.
    Zie je die kinderen? Dat zijn het zoontje en het dochtertje van onze buren – Do you see those children? They are the son and daughter of our neighbours.
    Dit zijn onze boeken; die zijn van jullie – These are our books; those are yours.

69

Independent demonstrative pronouns are as a rule not preceded by prepositions. Instead of a preposition followed by *this* or *these*,

Dutch uses *hier* followed by the preposition:

Leg het hierop – Put it on this.   Kijk hiernaar – Look at this.

For prepositions followed by *that* and *those*, Dutch uses *daar* followed by the preposition:

Daarvoor deed ik het niet – I did not do it for that (or: those).
Daaraan heb ik niet gedacht – I have not thought of that (or: those).

Formations like *hiervoor* and *daaraan* are separable. They are often separated by adverbs:

Daarvoor deed ik het niet – Daar deed ik het niet voor.

Daarom (therefore), and the adverbs of time *daarna, daarvòòr* and *daaròp* are inseparable:

Daarna liepen we weg – After that we walked away.

XI

INTERROGATIVE PRONOUNS

70

The interrogative pronouns are *wie, wat* and *welk.*
Wie refers to persons, and is used where English has *who, whom* and *which* (referring to persons):

Wie heeft dat gedaan? – Who has done that?
Wie hebben de Spaanse vloot verslagen? – Who defeated the Spanish fleet?
Met wie praatte je? – Whom did you talk to?
Wie van hen heeft over het eten geklaagd? – Which of them has complained about the food?

For the genitive Dutch mostly uses *van wie:*

Van wie is deze jurk? – Whose frock is this?
Van wie zijn deze huizen? – Whose houses are these?

70 [A]

Dutch also has a genitive form of *wie: wiens*, referring to male persons in the singular. This form is slightly bookish and is used in the written language rather than in the spoken language.

Wiens huis is dat? – Whose house is that?
Wiens jas heb je geleend? – Whose coat have you borrowed?

The corresponding feminine form is *wier*, used even less frequently in the spoken language than *wiens:*

Wier jurk is dat? – Whose frock is that?

Wier is also used for male and female persons in the plural. It is rarely heard in the spoken language:

Wier boeken hebben jullie geleend? – Whose books have you borrowed?

The spoken language has two other forms for *whose: wie z'n*, referring to a male person, and *wie d'r* to refer to a female person. They cannot be used in the plural and are rarely written.

Wie z'n auto is dat?   – Whose car is that?
Wie d'r kamer is dit?   – Whose room is this?

71

Wat is neuter and is mainly used where English has *what*.

Wat zal ik zeggen? – What shall I say?
Wat heb je gedaan? – What have you done?

Wat cannot follow a preposition. Instead of a preposition + *wat*, Dutch uses *waar* + preposition. These constructions are separable.

Waaraan denk je? or: Waar denk je aan? – What are you thinking of?

71 [A]

Wat is also used as an adverb of degree in exclamatory sentences (English: *how*). It can be separated from the word it qualifies.

Wat grappig dat je hem niet herkende! – How funny that you did not recognize him!
Wat is dat schilderij lelijk! – How ugly that picture is!

Wat combined with *een* ('*n*) is also used in exclamatory sentences.

Wat een rare vent is dat! – What a funny chap he is!
Wat een lief vogeltje! – What a sweet little bird!
Wat een grote gebouwen staan daar! – What big buildings are there!

Wat used as an adjective means *some*. When it is followed by an adjective, the adjective takes *s*.

Ik zal je wat nieuws vertellen – I shall tell you some news.

Wat used as a noun means *something*.

Ik zal je wat vertellen – I shall tell you something.

44

Welk is only used with nouns and is inflected like an adjective.

Welk huis hebben ze gekocht? – Which house have they bought?
Welk boek lees je? – Which book are you reading?
Welke film heb je gezien? – Which film did you see?
Welke huizen zijn verkocht? – Which houses have been sold?

Welk can also be used independently, referring to a noun mentioned before:

Dat zijn mooie huizen. Welk heb je gekocht? – Those are beautiful houses. Which have you bought?

In the above sentence, *which* is taken as singular. In the plural the Dutch sentence would be: *welke* heb je gekocht?

The word-group *wat voor* or *wat voor een* is also used as an interrogative pronoun, and means *what kind of:*

Wat voor een man is dat? – What kind of man is he?
Wat voor boeken lees je? – What kind of books do you read?

XII

RELATIVE PRONOUNS

The relative pronouns are *die* and *dat. Dat* only refers to singular neuter nouns.

De man die daar loopt, is mijn oom – The man walking there is my uncle.
Het boek dat ik lees, is niet van mij – The book which I read is not mine.
De boeken die op tafel liggen, zijn van mij – The books which are on the table are mine.

74 [A]

Names of countries and towns are always neuter:

We gingen naar Breda dat we enkele uren later bereikten – We went to Breda, which we reached a few hours later.

After prepositions *die* is replaced by *wie* when referring to persons:

De man aan wie ik het geld gegeven heb, heet Prinsen – The man to whom I gave the money is called Prinsen.

In the spoken language a preposition + *wie* is also often replaced by *waar* + preposition:

De man waaraan ik het geld gegeven heb, heet Prinsen.

The construction *waar* + preposition is the only one possible when referring to objects:

Ik kan de krant waarin ik het gezien heb, niet vinden, or: Ik kan de krant waar ik het in gezien heb, niet vinden – I cannot find the paper in which I saw it.

75 [A]

Adjuncts of time are often followed by *dat*, even when the antecedent is common gender:

De vorige keer dat hij hier was – The last time (that) he was here.
De dag dat hij ziek werd – The day (that) he fell ill.

The written language also has a genitive form of the relative pronoun: *wiens*, referring to a male person, and *wier* (fem. sing., and plural all genders).

De man wiens naam ik niet ken – The man whose name I don't know.
De moeder wier kind daar speelt – The mother whose child is playing there.
De mensen wier vrienden zij zijn – The people whose friends they are.

In the spoken language a construction with *van wie* (masc. and fem., sing. and pl.) or *waarvan* is mostly used:·

De man van wie ik de naam niet ken.
De moeder van wie het kind daar speelt.
De mensen van wie zij vrienden zijn.
De man waar ik de naam niet van ken. Etc.

76

The independent relatives (relatives without an antecedent) are *wie*, referring to persons, and *wat*, referring to objects:

Wie wil gaan, mag gaan – Anyone who wants to go, may go.
Ik weet niet wat hij zei – I don't know what he said.

77 [A]

Wat is used when the antecedent is not definite, i.e. when the antecedent is *alles, niets, iets,* or a whole sentence or clause:

Alles wat hij doet, doet hij goed – Everything that he does, he does well.

Er is iets wat ik je wil vertellen – There is something that I want to tell you.

Hij is erg laat thuis gekomen, wat wij niet prettig vonden – He came home very late, which we didn't like.

78 [A]

A relative clause in Dutch must always have a relative pronoun.

Het boek dat je me gestuurd hebt, is niet aangekomen – The book you sent me has not arrived.

Een man die ik ken, verzamelt postzegels – A man I know collects stamps.

XIII

INDEFINITE PRONOUNS

79

The main indefinite pronouns are:

iemand	– somebody, anybody
niemand	– nobody, not anybody
iets	– something, anything
niets	– nothing, not anything
ieder(e)	– each, every, any
elk(e)	– each, every, any
sommige	– some
enig(e)	– some, a few
verscheidene	– several
geen	– no, none, not any
een zekere	– a certain
al wie	– whoever
al wat	– whatever
wie ook	– whoever
alle	– all
alles	– everything, anything

Indefinite adverbs which may be mentioned here, are:

ergens	– somewhere, anywhere
nergens	– nowhere, not anywhere
overal	– everywhere, anywhere

Er is iemand aan de deur – There is somebody at the door.
Weet iemand hoe hij heet? – Does anybody know his name?
Ik moet je iets vertellen – I must tell you something.
Heb je al iets gehoord? – Have you heard anything yet?
Ieder (elk) meisje en iedere (elke) jongen kreeg een boek – Each girl and boy got a book.
Sommige mensen geloven dit niet – Some people do not believe this.
Hij had enige (enkele) bomen geplant – He had planted some (a few) trees.
Er stonden verscheidene stoelen in de kamer – There were several chairs in the room.
Hij heeft geen huis – He has no house.
Geen van mijn vrienden kende dat boek – None of my friends knew that book.
Hier woont een zekere Jansen – Here lives a certain Jansen.
Alwie (wie ook) aan hun deur klopt, is welkom – Whoever knocks at their door is welcome.
Nu heb ik je alles verteld – Now I have told you everything.
Alle soldaten werden opgeroepen – All soldiers were called up.
Ik heb het ergens gelezen – I have read it somewhere.
Hij kon zijn horloge nergens vinden – He could not find his watch anywhere.
Je kunt deze sigaretten overal kopen – You can buy these cigarettes anywhere (everywhere).

All day – de hele dag.
It is all wrong – het is helemaal verkeerd.

80 [A]

The equivalent of English *some* in Dutch is either *sommige*, or *enige* (*enkele*).

When *some* has a demonstrative meaning, and is explicitly or implicitly contrasted to something else, Dutch has *sommige*.

When *some* is an indefinite numeral, and does not express contrast, the Dutch equivalent is *enige* or *enkele*.

Some roads were good, others bad – Sommige wegen waren goed, andere slecht.
Some people do not believe this – Sommige mensen geloven dit niet.
Some plants flower twice a year – Sommige planten bloeien tweemaal per jaar.
Some books in the exhibition were very old – Sommige boeken in de tentoonstelling waren erg oud.
I bought some books yesterday – Ik heb gisteren enige (enkele) boeken gekocht.

48

I saw him some days ago – Ik heb hem enige (enkele) dagen geleden gezien.
He has lived here for some time – Hij woont hier al enige tijd.

81 [A]

When *any* is stressed, meaning "no matter which", the Dutch equivalent is *ieder (elk)*.

Any doctor will tell you the same thing – Iedere (elke) dokter zal je hetzelfde zeggen.

You can buy this book in any shop – Je kunt dit boek in iedere (elke) winkel kopen.

Unstressed *any*, usually in negative and interrogative sentences, is translated by *enig(e)*:

Did he give any reason for his behaviour? – Gaf hij enige reden voor zijn gedrag?

I don't think there is any chance – Ik geloof niet dat er enige kans is.

Do you think there is any danger in this method? – Geloof je dat er enig gevaar in deze methode is?

When in these last three examples the emphasis is placed on *any*, the Dutch equivalent is still *enig(e)*:

Do you think there is àny danger in this method? – Geloof je dat er ènig gevaar in deze methode is?

Compare also:

If you want to have àny success (at all) you have to work hard – Als je ènig succes wilt hebben, moet je hard werken.

82 [A]

When unstressed *some* and *any* express a quantity, informal Dutch uses *wat*.

Here is some money – Hier is wat geld.

Is there any bread left? – Is er nog wat brood over?

I brought you some flowers – Ik heb wat bloemen voor je meegenomen.

There were some children playing in the street – Er speelden wat kinderen in de straat.

83 [A]

Stressed *anybody* is *iedereen*, and stressed *anything* is *alles*.

Anybody in the village can show you the way to the station – Iedereen in het dorp kan je de weg naar het station wijzen.

Anything is better than this – Alles is beter dan dit.

When *sommige, enige, enkele, alle, verscheidene, andere* are used independently and refer to persons, they take *-n* in the plural:

Sommigen vonden het toneelstuk slecht – Some found the play bad.

Na een uur gingen verscheidenen weg; slechts enkelen bleven – After an hour several went away; only a few stayed.

Allen gingen naar het concert – All went to the concert.

Alle kinderen zijn naar school gegaan, *or* De kinderen zijn allemaal naar school gegaan – All children went to school.

XIV

NUMERALS

85

CARDINALS

1	een	21	eenentwintig
2	twee	22	tweeëntwintig
3	drie	23	drieëntwintig
4	vier	30	dertig
5	vijf	40	veertig
6	zes	50	vijftig
7	zeven	60	zestig
8	acht	70	zeventig
9	negen	80	tachtig
10	tien	90	negentig
11	elf	100	honderd
12	twaalf	200	tweehonderd
13	dertien	350	driehonderd vijftig
14	veertien	887	achthonderd zevenentachtig
15	vijftien	1000	duizend
16	zestien	3000	drieduizend
17	zeventien	1958	negentienhonderd achtenvijftig
18	achttien	2630	zesentwintighonderd dertig
19	negentien	3010	drieduizend tien
20	twintig		

one and a half – anderhalf

50

Note the words veertien, veertig and tachtig.
The v's in veertig and vijftig are pronounced as f's, and zestig and
zeventig are both pronounced with an s.

86

There are some plural and inflected forms:

Ik breek het in tweeën, drieën, vieren, vijven, zessen, zevenen, achten, negenen,
tienen etc. – I break it in two, three etc. pieces.
Wij zijn met ons tweeën, drieën, vieren etc. – We are two, three etc.
Zij waren met z'n (hun) tweeën etc. – They were two etc.
Het is al over drieën – It is past three o'clock.

87

ORDINALS

1st eerste	10th tiende
2nd tweede	11th elfde
3rd derde	12th twaalfde
4th vierde	13th dertiende
5th vijfde	20th twintigste
6th zesde	23rd drieëntwintigste
7th zevende	30th dertigste
8th achtste	51st eenenvijftigste
9th negende	87th zevenentachtigste

The ordinals are used as adjectives, but they never lose the final e.

XV

PREPOSITIONS

88

The translation of prepositions is often a matter of idiom.

89

Several prepositions can be used in combination with adverbs
following nouns. *Met* is often combined with *mee* (*mede*), *tot* with
toe, van with *af.*

51

Hij ging met zijn vriend mee naar huis – He went home with his friend.
Tot de dag van zijn dood toe heeft hij gewerkt – He worked until the day of his death.
Van zijn jeugd af heb ik hem gekend – I knew him from his youth.

Van . . . . af may also be written as one word:

Vanaf zijn jeugd heb ik hem gekend.

90

Some prepositions, especially *in, door, op* can be used as adverbs. They they follow the noun and express movement or direction:

Hij liep in de tuin – He walked in the garden.
Hij liep de tuin in – He walked into the garden.

Hij liep door het bos – he walked through the forest.
Hij liep het bos door – He walked through the forest (expressing that he was on his way to another destination).

Hij liep op de berg – He walked on the mountain.
Hij liep de berg op – He climbed up the mountain.

These adverbs are really the first elements of separable verbs. So the infinitive of the verb in the first example is *lopen*, in the second example *inlopen*, in the fourth *doorlopen* and in the sixth *oplopen*.

91 [A]

In an older form of the language many prepositions were followed by the genitive or the dative of a noun. A number of these old case forms have been preserved in expressions:

buitenshuis – out of doors
van ganser harte – with all one's heart
in goeden doen – well-to-do
in koelen bloede – in cold blood

92 [A]

The preposition *te* is often contracted with old case forms of the definite article: *ter* or *ten. Ter* is a contraction of *te der, ten* of *te den.*

ten westen, oosten, noorden, zuiden van – to the west, east, north, south of
ter wereld brengen – to give birth to
ten laatste – at last
ten huize van – at the house of

52

ter wille van – for the sake of
ten behoeve van – on behalf of
ten tijde van – at the time of
ter gelegenheid van – on the occasion of
ten einde raad – at one's wit's end

93

For prepositions plus *het*, see IV, 30.
For prepositions plus *dit* and *dat*, see X, 69.
For prepositions plus *wat*, see XI, 71.
For prepositions plus *die*, see XII, 75.

XVI

CONJUNCTIONS

94

Co-ordinating conjunctions are:
en (and), *of* (or), *maar* (but), *want* (for).
Instead of *maar* the written language sometimes uses *doch*.
The conjunction *noch* (nor), or double *noch* . . . *noch* (neither . . . .
nor) is also mainly used in the written language.

Ik lees, doch hij schrijft – I read but he writes.
Noch zijn vader, noch zijn moeder konden hem helpen – Neither his father
nor his mother could help him.

95

Subordinating conjunctions introduce dependent clauses. The most
common ones are:
dat (that), *zodat* (so that), *opdat* (in order that), *omdat* (because),
voordat (before), *nadat* (after), *totdat* (until), *hoewel* (although),
ofschoon (although), *of* (whether; as if), *daar* (as), *indien* (if),
terwijl (while), *als* (when), *toen* (when), *wanneer* (when; if).

Hij zegt dat hij morgen zal komen – He says that he will come to-morrow.
Hij ging weg nadat hij had gegeten – He went away after he had eaten.

The conjunction *toen* can only be used with the past tense and the past perfect tense:

> Toen het huis klaar was, verkocht hij het – When the house was finished, he sold it.

This conjunction must not be confused with the adverb *toen* (then):

> Toen was het huis klaar en hij verkocht het – Then the house was finished and he sold it.

When the conjunction *when* is accompanied by a present, future or present perfect tense, it is translated by *wanneer* or *als:*

> Wanneer (als) het huis klaar is, verkoopt hij het – When the house is finished, he'll sell it.
>
> Wanneer (als) je het boek gelezen hebt, moet je het teruggeven – When you have read the book, you must return it.

97 [A]

When English has a subordinate clause (object clause) without a conjunction, the Dutch clause is always introduced by the conjunction *dat:*

> I think he will do it – Ik denk dat hij het zal doen.
> I did not know he was so shy – Ik wist niet dat hij zo verlegen was.

XVII
ADVERBS

98

In addition to the normal adverbs, such as *erg* (very), *al* (already), most adjectives can be used as adverbs. In that case they are not inflected, and they have the same comparative and superlative forms as the adjectives.

The superlative is always preceded by *het* (*'t*):

> Hij loopt hert hardst – He walks fastest.
> Ik houd van dit boek het meest – I like this book best.

99

Adverbs cannot be used attributively, as some can in English:

> The above remark – De bovengenoemde opmerking.

A few adverbs, however, can be used attributively, but then they follow the noun:

De mensen hiernaast – The people next-door.

XVIII
WORD-ORDER

100
INDEPENDENT SENTENCE (MAIN SENTENCE)

a) The main rule for the word-order in an independent sentence is that the *finite verb* takes *second place*. This means that when the sentence begins with the subject, the word-order is the same as in English:

De bladeren vallen van de bomen – The leaves fall from the trees.

But when the sentence begins with an element other than the subject, the word-order is different from English. Whereas in English the verb then often takes third place, the Dutch verb still keeps its second place:

In de herfst vallen de bladeren van de bomen – In autumn the leaves fall from the trees.

This order of words, with the subject following the verb, is called the *inverted word-order*.

b) In sentences with a compound verbal construction, the infinitive and the past participle go to the end of the sentence:

Hij heeft veel mensen gezien – He has seen many people.
We zullen het licht aansteken – We shall switch on the light.
Ik kan de bergen nu zien – I can see the mountains now.

c) Co-ordinating conjunctions do not affect the word-order:

Hij begreep het niet, maar hij gehoorzaamde – He did not understand it, but he obeyed.

d) Subject and finite verb are not usually separated, either in the normal or in the inverted word-order:

Morgen gaan wij ook naar Amsterdam – Tomorrow we are going to Amsterdam, too.

55

In some emphatic situations they may be separated:

> Morgen gaan ook wij naar Amsterdam – Tommorrow we, too, are going to Amsterdam.
> Dat zoiets mogelijk is, gelooft zelfs hij – Even he believes that such a thing is possible.

e) Adjuncts of time precede adjuncts of place:

> Ik ga morgen naar Amsterdam – I am going to Amsterdam to-morrow.
> Ik ben lange tijd geleden in Engeland geweest – I was in England a long time ago.

100 [A]

The rule that the finite verb takes second place in the sentence also holds in compound sentences, when the first element is a dependent clause:

> Als de bladeren vallen, komt de winter – When the leaves fall, winter is coming.
> Als ik hem zie, zal ik hem het verhaal vertellen – When I see him, I shall tell him the story.

101

DEPENDENT CLAUSE (SUBORDINATE CLAUSE)

In dependent clauses the finite verb or the whole compound verbal construction goes to the end of the clause. This is called the *dependent word-order*.

> Hij zegt dat hij geen geld heeft – He says that he has no money.
> Ik denk dat we morgen antwoord zullen ontvangen – I think that we shall receive a reply to-morrow.
> Ik zie dat jullie het zelf kunnen doen – I see that you can do it yourselves.
> Ik dacht dat je antwoord gekregen had, or: ik dacht dat je antwoord had gekregen – I thought that you had received a reply.
> Ik geloof niet dat hij de reis heeft kunnen maken – I do not think that he has been able to make the trip.

102

When a sentence contains two objects, of which one is a pronoun and the other a noun, the pronoun always comes first:

> Ik zal je het boek geven – I shall give you the book.
> Ik zal je de brief laten lezen – I shall let you read the letter.
> We zullen het de tuinman laten doen – We shall let the gardener do it.

Adjuncts of manner usually come after the object and adjuncts of time, but before other adjuncts:

> We zijn verleden jaar met de auto naar Den Haag gegaan – Last year we went by car to The Hague.
> Ik heb het boek gisteren met veel dank aan hem terug gegeven – I returned the book to him yesterday with many thanks.

The negations *niet, nooit, nog niet* in general behave like adjuncts of manner:

> Hij is nooit in Engeland geweest – He has never been to England.
> Hij heeft mij het verhaal niet verteld – He did not tell me the story.

They normally follow *hier, daar* and *er*:

> Zij is hier nooit geweest – She has never been here.
> Het huis staat er niet meer – The house is no longer there.

In sentences with a nominal predicate, the negation follows the nominal component:

> Dat is de timmerman niet – This is not the carpenter.

When a contrast is made, the negation may precede the nominal component:

> Dat is niet de timmerman maar de loodgieter – This is not the carpenter, but the plumber.

Also:

> Ik ga vandaag niet naar Amsterdam – I'm not going to Amsterdam today.
> Ik ga niet vandaag naar Amsterdam maar morgen – I'm not going to Amsterdam today, but tomorrow.

Prepositional adjuncts often go to the end of the sentence:

> Ik had nooit gedacht aan een dergelijke oplossing – I had never thought of such a solution.

The word-order is more frequent in dependent clauses:

> Ik hoop dat hij de tocht niet is begonnen zonder enige voorbereiding – I hope that he did not begin the journey without any preparation.

EXERCISES

EXERCISES

I

PRONUNCIATION

105

CONSONANTS

Thijs, Theo, theater, thee;
twee, tussen, trekken, tralie;
achter, zocht, lach, zacht;
scheef, schaven, schip, schoon, schijn, Scheveningen;
schrijven, schrapen, schroef, schrikken, schrift;
gaan, groot, geef, goochelen, gisteren, zagen, wegen, dragen;
rogge – bochel; vlaggen – kachel; bogen – goochem;
wees, wat, waar, wanneer, wereld, woensdag;
fat, vat, wat;
fijn, vijf, wijf;
fakir, vader, water;
fret, vriend, vraag, vrouw, vrolijk, frater, Frans, Fries, fris, vraat, vrees;
vast, veter, ferm, venster, voor, van, vesting;
wreken, wraakzucht, wrak, wroeging, vroeg, vroom, wrokken;
heb, bed, zeg, lag, mag, kuch, lach, weg, zag, zocht, lucht, mug, bid, wit, lid;
jaar, jeugd, Jan, ja, jij, jou, jacht, Jet;
raar, rood, reus, regel, rad, ratel, roer, vuur, waar;
Arnold, berg, burcht, erg, werk, kerk, berk;
lekker, wakker, ander, stamper, kwart, staart, vaart, kaart, kartelen;
kwartel, ergeren, oorzaak;
bang, lang, banger, langer, vinger, zanger, zingen, hangen, langzaam;
links, wenken, zinken, lonken, denken, dank.

106

COMBINATION OF CONSONANTS

Spanje, oranje, franje, kastanje, anjelier;
ken je me nog? kun je me verstaan?
katje, met je praatjes, zat je in angst? weet je wat je moet doen?
op het kantje af, mandje, ventje, ben je daar?
landje, krantje, strandje;
meisje, lesje, huisje, muisje, dasje, jasje;
lees jij je krantje maar! was je koud?

107 [A]

ASSIMILATION

Kost die fiets twee gulden? (*pr.* kostie)
Dat is niet veel! (nietfeel)
opbergen (obbergen)
uitdoen (uiddoen)
asla (azla *or* asla)
afleggen (avleggen)
mag doen (magdoen, *and not* machdoen)
wat is dat? (wat istat, *or* wat izdat)

108

VOWELS

praat	− prat	praat	− praten
staat	− stad	staat	− staten
laat	− lat	laat	− laten
vraag	− vracht	vraag	− vragen
laag	− lag	laag	− lagen
leek	− lek	leek	− leken
weet	− wet	weet	− weten
beet	− bed	beet	− beten
week	− wek	week	− weken
peet	− pet	peet	− peten

viel	– vil	viel	– vielen
wiel	– wil	wiel	– wielen
Piet	– pit	machine	
kiest	– kist	zie	
kriek	– krik	politie (pr. poli-tsie)	

koop	– kop	koop	– kopen
groot	– grot	groot	– groten
lood	– lot	lood	– loden
sloot	– slot	sloot	– sloten
dool	– dol	dool	– dolen

fuut	– fut	fuut	– futen
minuut	– nut	minuut	– minuten

hoed, hoeden, voeten, hoest, vloek, doeken;
vreugde, kleuter, teuten, reutelen, vleugel.

raad	– raar,	staat	– staar,	daad	– daar;
weet	– weer,	heet	– heer,	meel	– meer;
dief	– dier,	viel	– vier,	liep	– lier;
dool	– door,	Mook	– moor,	voos	– voor;
stoel	– stoer,	moed	– moer,	roes	– roer;
fuut	– vuur,	bruut	– buur,	stuw	– stuur;
keus	– keur,	reus	– deur,	heus	– heur;

vaat	– vaar	– van	– varen;
gaat	– gaar	– gat	– gaten;
meel	– meer	– met	– meten;
zee	– zeer	– zet	– zetel;
koos	– koor	– kost	– koren;
doos	– door	– dop	– dopen;
wiel	– wier	– wil	– wielen;
diep	– dier	– dit	– diepe;

durf, durven, suf, turven, rust, muts, mug, mul, vrucht, vlug,
vluchten, zucht;

lopen, slapen, eten, vragen, de man, te vroeg, zeker, gewichtig,
rustig, ridderlijk, eerlijk, mogelijk.

109

DIPHTHONGS

trein, lei, zei, weide, wijde, hij, mij, zijde;

weten	— wijten	stijgen	— stegen
leden	— lijden	kijken	— keken
mee	— mij	glijden	— gleden
nederig	— nijdig	bijten	— beten
zee	— zei	breiden	— brede
keek	— kijk	leiden	— lede

nou, zou, kou, stout, blauw, gauw, koud, bouwen, touw, nauw, flauw, hout, louter;

huid, fluit, zuiver, luid, huichelen, tuit, kuiken, guit, buiten, lui, bui, trui;

waaien, maaien, zaaien, naaien, aaien, fraai;
stoeien, vermoeien, koeien, loeien, boei, foei;
nieuw, kieuwen, hieuwen;
ruw, gruwen, stuwen, duw, duwen, luw;
leeuw, sneeuw, eeuw, meeuw, Zeeuw, schreeuwen;
gooien, rooien, fooi, mooi, hooi.

110

NURSERY RHYMES

Zagen, zagen, wiedewiedewagen,
Jan kwam thuis om een boterham te vragen.
Moeder was niet thuis,
Vader was niet thuis,
Piep! zei de muis in het voorhuis.

In Den Haag daar woont een graaf
en zijn zoon heet Jantje.
Als je vraagt: waar woont je Pa?
dan wijst hij met zijn handje,

62

met zijn vingertje en zijn duim.
Op zijn hoed draagt hij een pluim,
aan zijn arm een mandje.
Dag, mijn lieve Jantje.

Heb je wel gehoord van de holle-bolle-wagen
waar die schrokkerige Gijs op zat?
Die kon schrokken
grote brokken:
een koe en een kalf,
en een heel paard half,
een os en een stier,
en zeven tonnen bier,
een schip met rapen,
een kerk vol schapen,
en nog kon Gijs van de honger niet slapen.

II

NOUNS AND ARTICLES

111

het huis: neuter noun in the singular preceded by the definite article.
een huis: neuter noun in the singular, preceded by the indefinite article.
de huizen: neuter noun in the plural preceded by the definite article.
huizen: neuter noun in the plural not preceded by an article.
Read the following word-groups aloud and describe them as above:
de man, de mannen, een man, mannen.
de tuin, de kinderen, het land, het schaap, de voet, een boot, boten,
landen, de tuinen, het schip, de pen, pennen, het kind.

112

Write the plurals of the following nouns (all in *-en*):
poort (gate), dorp (village), zee (sea), maan (moon), beek (brook),
meer (lake), brood (loaf), haar (hair), deur (door), kwast (brush),

last (burden), rat (rat), stap (step), vos (fox), mot (moth), kat (cat), hond (dog), bruid (bride), tijd (time), web (web), stuk (piece), zaal (hall), huis (house), vaas (vase), nek (neck), dienst (service), boom (tree), duif (dove), raaf (raven), tak (branch), kaas (cheese), twijg (twig), stem (voice), verhaal (story), bek (mouth of an animal); schip (ship), stad (town), smid (smith), dag (day), glas (glass), weg (road), spel (game), dal (valley), dak (roof), graf (grave), oorlog (war) timmerman (carpenter), Engelsman (Englishman).

113 [A]

Write the plurals of the following nouns:
kamer (room), leraar (teacher), lepel (spoon), jongen (boy), tafel (table), vogel (bird), la (drawer), auto (car), kind (child), ei (egg), lied (song), blad (leaf), been (leg), leugen (lie).

114

Write the singulars of the following nouns:
zonen (sons), ganzen (geese), neven (cousins), bedden (beds), dagen (days), kasten (cupboards), muren (walls), kannen (jugs), runderen (cows), lammeren (lambs), geiten (goats), reuzen (giants), tantes (aunts), dwergen (dwarfs), bewegingen (movements), antwoorden (answers).

115

Translate:

vaders stem, moeders haar, ooms huis, Wims been, Jans tafel.

Instead of the above genitives write a construction with *van*, using the definite article with the noun.

116

From which nouns are the following diminutives formed:
vriendje, huisje, dorpje, mannetje, bloempje, hoofdje, halsje, vrouwtje, koninkje, verhaaltje, weggetje, kopje, riempje, tongetje, stoeltje, vaasje, scheepje, spelletje, stadje.

117 [A]

Give the diminutives of the following nouns:
de poort, de stap, de stad, het haar, het huis, de boom, de duif, het meer, het stuk, de tong, de pijp, de tafel, de regel, de muur, de bal, het dak, het raam, het schip, het touw, de leugen, het schot, de koning, het wiel, het spel, de hond, de kam, de vlieger, het boek, het papier, het glas, de duw, de kachel, de stam, de kast, de ster.

118

Translate:

EEN OUD (OLD) VERHAAL

De raaf zit op de tak van een boom en heeft (*has*) een stuk kaas in zijn (*its*) bek. De vos zit op de grond onder de boom en wil de kaas hebben (*have*). Hij is slim (*clever*) en hij vleit (*flatters*) de raaf. Hij zegt (*says*):
„Je (*you*) zingt (*sing*) zo mooi (*beautiful*). Je (*your*) stem is zo mooi. O, ik wil je stem horen (*hear*)!"
De raaf opent zijn bek en zingt: „Kra-kra!" Het stuk kaas valt uit zijn bek op de grond. De vos neemt (*takes*) de kaas en rent weg (*runs away*).

III

ADJECTIVES

119

Translate:

Een groot huis in een mooie tuin met hoge bomen, een warme kamer, een goede stoel, goede boeken, een goede sigaar — wat kan ik meer (*more*) wensen (*wish*)?
Een lief kind komt binnen (*in*) en brengt me een kop hete thee. Het legt droog hout op het vuur en vertelt grappige (*funny*) verhaaltjes over (*about*) de nieuwe school. Het kind heeft mooi haar, rode wangen (*cheeks*) en bruine ogen (*eyes*). Het leven is goed.

Underline the uninflected adjectives, and explain why they are not inflected.

120

Give the inflected forms of the following adjectives:
breed (broad), doof (deaf), vies (dirty), klein (small), smal (narrow), waar (true), lang (long), kort (short), dik (thick), dun (thin), boos (angry), geel (yellow), zwart (black), laag (low), half (half), rechtvaardig (righteous, just).

121

Translate:
The black raven has a piece (of) cheese in its large mouth. The cheese is yellow. The raven sits on a dry branch of a tree. The tree is high and beautiful, and the leaves of the tree are (*zijn*) brown. The clever fox flatters the raven. He says: "You have (*hebt*) a beautiful voice." The raven sings and the large piece of cheese falls out (of) its mouth.

The little child lives (*woont*) in a large house. It (*het*) plays (*speelt*) in a small room. In the room are chairs, a low table and black cupboards with (*met*) deep drawers. It is a beautiful room.

122

Give the comparative and superlative forms of the following adjectives:
lang (long), grappig (funny), hoog (high), groen (green), sterk (strong), zwak (weak), donker (dark), grijs (grey), vroeg (early), laat (late), goedkoop (cheap), wijd (wide), gelukkig (happy), lelijk (ugly), merkwaardig (remarkable), gevaarlijk (dangerous), gemakkelijk (easy), moeilijk (difficult), koud (cold), helder (clear).

123

Translate:
The new house is larger and more beautiful than the old one. It has more rooms and the walls are higher. It is a wooden house, but (*maar*) it is newer than uncle's house. The eldest child gets (*krijgt*) the largest room, the younger children get (*krijgen*) smaller ones.

Winter[1] is the coldest time (*tijd*) of the year. The days are shortest in winter, much shorter than in summer.

The trees in the garden are older than the house. The roof of the house is green, but the leaves of the trees are greener.

1. see II, 9A.

IV & V

PERSONAL PRONOUNS AND PRESENT TENSE

124

Give the stem of the following verbs:

nemen (to take)	vragen (to ask)	vinden (to find)
kijken (to look)	snikken (to sob)	veranderen (to change)
gaan (to go)	stromen (to stream)	betalen (to pay)
koken (to cook)	leggen (to put)	zenden (to send)
krijgen (to get)	schrijven (to write)	lachen (to laugh)
verslinden (to devour)	brullen (to roar)	sturen (to send)
denken (to think)	zien (to see)	suffen (to doze)
vertalen (to translate)	werken (to work)	leven (to live)
vertellen (to tell)	sluiten (to close)	beven (to tremble)
rijden (to drive, ride)	lopen (to walk)	horen (to hear)

125

Give the present tense singular and plural of all persons of the following verbs:

kennen (to know)	worden (to become)	blijven (to remain)
roepen (to call)	geven (to give)	lezen (to read)
zitten (to sit)	staan (to stand)	slapen (to sleep)
antwoorden (to answer)	eten (to eat)	zeggen (to say)

126

Translate:

DE WOLF EN HET LAM

Het lam drinkt water bij een heldere beek. De wolf komt en drinkt ook. De wolf heeft honger. Hij is groter en sterker dan het lam. Hij roept met een luide stem:

„Jij maakt het water vies!"

Het lam beeft, het is maar een zwak diertje, en het is bang voor (*afraid of*) de boze (*wicked*) wolf. Het antwoordt bevend:

„Maar het water stroomt van u naar mij."

De wolf brult:

„Dat is niet waar! Jij vertelt altijd leugens. Jij vertelt de andere dieren dat ik lammeren opeet! Is dat waar of niet?"

Het lam wordt nu heel bang, en het zegt met snikkende stem:

„Ik ken geen andere dieren, geen enkel ander dier. Ik ken alleen (*only*) mijn moeder. Ik ben nog maar (*only*) zeven dagen oud."

Maar de wolf zegt:

„Dan (*then*) is het een broer van je. Jullie vertellen altijd leugens over mij. Ik geef je een rechtvaardige straf."

Het lam hoort de brullende wolf en het wordt steeds (*all the time*) banger. Het roept zijn moeder, het wil zeggen: „Ik heb geen broer," maar de wolf verslindt het al (*already*).

127

Translate:

Do you see the house? My father and I are working in the garden. We are tired. You (familiar, pl.) pay too much. The old man is laughing. The wolf and the lamb are talking, and the lamb is very frightened. The lamb trembles and sobs. We drive to (*naar*) Amsterdam. Are you (fam. sing.) telling lies? The towns are becoming larger all the time. The new table stands in a small and dark room. Close the door! No, the other one. She goes to the ship. We are washing ourselves. He is shaving and I am washing. I do not remember the house. Do you (polite) remember it? They make a mistake. She says so (*het*) herself. I wash myself. Even they remember it. Are the children washing, are they eating or are they sleeping? Are you (fam. pl.) coming or are you going away? He tells me a remarkable story. Take the new book and read seven pages. Answer and do not laugh. Come in and sit down, please. A wolf eats lambs, but does a fox eat cheese?

128

Translate:

Amsterdam, 31 mei 1976.

Beste Jan,

Mijn werk is klaar en nu schrijf ik je een brief. Ik schrijf je in het Nederlands. Jij kent de taal nu zo goed, dat je deze brief kunt lezen, denk ik.

Het is mei, bijna zomer, en over zeven weken krijgen we vakantie. We hebben een mooi plan. We gaan op de fiets naar een klein stadje aan de Noordzee. Het is een mooi stadje, oud en klein. De huizen staan in een grote cirkel rond de kerk. De kerk zelf is meer dan tweehonderd jaar oud en heeft een kleine houten toren. Het strand is daar breed en erg rustig, en dat vind ik prettig in de vakantie. Het is niet ver van Amsterdam, niet meer dan twee of drie uur fietsen. We nemen een tent mee, want we willen kamperen. Dat is het goedkoopst en het prettigst. Een van mijn vrienden kookt goed. Gelukkig, want de zee maakt je altijd hongerig. We gaan wandelen, fietsen, zwemmen en voetballen. We blijven daar veertien dagen. Ik hoop dat het weer mooi is.

Ik ga ook met mijn vader en moeder naar een oom, een broer van mijn vader. Hij woont in een groot huis midden in het bos. Hij heeft ook een auto, een blauwe, en allerlei dieren: een paard, twee zwarte koeien, een geweldig dik varken en een oude hond. We blijven tien dagen bij hem.

Je begrijpt dat ik naar de vakantie verlang. Ga jij ook uit in de zomer? Hoe gaat het met je vader en je moeder? Is je zusje weer beter of is ze nog ziek? Schrijf me weer gauw!

Hartelijke groeten van je vriend

Wim.

klaar	– finished	kamperen	– to camp
de brief	– the letter	want	– for
de taal	– the language	het bos	– the forest
bijna	– almost	allerlei	– all sorts of
de fiets	– the bicycle	geweldig	– enormous
de kerk	– the church	begrijpen	– to understand
de toren	– the tower	verlangen naar	– to look forward to
het strand	– the beach	gauw	– soon
rustig	– quiet	hoe gaat het met je?	– how are you?
prettig	– pleasant	hartelijke groeten	– kind regards

VI

PAST TENSE. PAST PARTICIPLE. SEPARABLE VERBS

129

Give the past tense singular and plural, and the past participles of the following verbs:

stappen (to step)
schreeuwen (to shout)
horen (to hear)
blaffen (to bark)
draven (to run)
reizen (to travel)
razen (to rage)
bonzen (to bang, thump)
leven (to live)
praten (to talk)
spreiden (to spread)
branden (to burn)
luiden (to toll)

zaaien (to sow)
maaien (to mow)
bouwen (to build)
loeien (to roar)
maken (to make)
trouwen (to marry)
vloeien (to flow)
wekken (to wake up)
duren (to last)
wachten (to wait)
voelen (to feel)
vullen (to fill)
halen (to fetch)

sturen (to steer)
leiden (to guide)
dekken (to cover)
klagen (to complain)
redden (to rescue))
regeren (to govern)
handelen (to act)
schuimen (to foam)
zetten (to put)
wisselen (to change)
schaden (to damage)
leggen (to lay)

130

Give the present tense, the past tense and the past participle of the following verbs. (The accents are written for the sake of convenience; they are not part of the normal spelling).

vergròten (to enlarge)
ìnpakken (to pack)
aànhoren (to listen to)
vertroùwen (to trust)
neèrmaaien (to mow down)
belòven (to promise)
gelòven (to believe)
belèven (to experience)
versprèiden (to spread)
verbrànden (to burn)

verpàkken (to wrap)
gelùkken (to succeed)
herstèllen (to recover, to repair)
gebruìken (to use)
voòrtzetten (to continue)
verànderen (to change)
zich herìnneren (to remember)
verwàchten (to expect)
àfdalen (to descend)
verwoèsten (to destroy)

Give the inflected forms of the past participles of the above verbs.

Translate:
Hij vergrootte de foto. De vergrote foto ligt op tafel.
Zij spreidde het kleed over de tafel. De verspreide vijanden trekken
zich terug.
Hij wachtte een ogenblik. Het verwachte nieuws komt.
Hij redde een kind. Het geredde kind lacht weer.
Het bos brandde. Het verbrande bos is zwart.
De vijand verwoestte de stad. De verwoeste steden.

Translate:
De storm loeide en raasde in de donkere nacht. De golven rolden
schuimend naar de hoge dijk. De kerkklokken luidden. Een man
draafde door de straat. Hij bonsde op de ramen en schreeuwde:
„Red je, red je, het water komt!" Honden blaften. De mensen
haastten zich uit bed en kleedden zich vlug aan. Een boer opende de
deur van zijn huis. Het water stroomde binnen. Hij rende de ladder
op naar de zolder. Hij haalde de hond en daalde de ladder weer af.
De straat was een wilde rivier. Hij pakte een groot stuk hout en
klemde zich daaraan vast. Het duurde uren. Een andere boer redde
hem. Hij leefde nog. Maar vele mensen wachtten te lang.

Translate:
The train arrives at a small town. We did not trust the man. I do
not believe you. The farmer rescued his old dog from the attic. The
wooden house burnt the whole night. They continued the game.
We did not remember it. I always enlarge the good photographs.
Did you build this (*dit*) house? He talked to (*met*) his father. The
dogs ran in the street. Do you expect your uncle to-day? The dog
barked and woke up the children. We travelled from Amsterdam to
the beach. Did he know the language? Did you travel through
(*door*) the burnt forest?

VII
STRONG AND IRREGULAR VERBS

135

Give the principal parts of the following verbs:

lezen (to read)	lopen (to walk)	worden (to become)
schrijven (to write)	gaan (to go)	denken (to think)
kijken (to look)	staan (to stand)	klimmen (to climb)
zien (to see)	vangen (to catch)	sterven (to die)
spreken (to speak)	hangen (to hang)	geven (to give)
kopen (to buy)	zingen (to sing)	brengen (to bring)
weten (to know)[1]	zeggen (to say)	lachen (to laugh)

136

Translate:

Hij schreef een brief. Hij wist de datum niet en keek naar de kalender. Hij dacht aan de vakantie. Hij keek door het raam naar buiten en zag de zon. Hij stond op en ging de deur uit. Hij liep door de tuin en klom in een hoge boom. Hij ging op een sterke, brede tak zitten. Zijn vader riep hem. Hij sprong naar beneden en viel bijna. Het deed geen pijn en hij lachte. Het was tijd om te eten. Ze aten gebakken vis en gekookte groente. Hij ging naar bed en sliep de hele nacht.

137

Translate:

I can write. Can you read? He will come. They may sing. Will she laugh? Have they brought? You can speak. I have spoken. You (fam. sing.) must know. He has thought. We have written. Will you (polite) go? She has known. We must go. I cannot sing. You (fam. pl.) have walked. Shall I speak? Have they looked? Will he read? You

---

1. *To know* is translated by *weten* when it means: to know through having learnt, to know facts. It is translated by *kennen* when it means: to be acquainted with personally. *Kennen* can never be followed by a dependent clause.
Ik ken die man niet, maar ik weet waar hij vandaan komt – I do not know that man, but I do know where he comes from.
N.B. Hij kende zijn les goed – He knew his lesson well.
Ken jij Nederlands? – Do you know Dutch?

(fam. sing.) have not read. They would die. I should say. We could go.

VIII

COMPOUND VERBAL CONSTRUCTIONS

138

Translate:

Ik heb gezien. Wij hebben gekeken. Wij zijn naar Amsterdam gegaan. Zij hebben het verhaal gelezen en vertaald. Heb jij het niet gelezen? Zij is verleden jaar gestorven. Ik ben in Haarlem gebleven. Ze hebben een uur lang geklommen en toen een half uur gerust. Zij zijn tot 2000 meter hoogte geklommen. De zieke is beter geworden. Ik heb het nieuwe huis gezien. Bent u naar huis gegaan? Wij hadden het raam gesloten. Hadden zij hun boeken meegenomen? Konden zij het lied zingen? Je moet me het nieuws vertellen. Zouden zij een auto kopen? Ik heb verleden jaar een nieuwe gekocht. Hij heeft twee vogels gevangen. Zijn jullie moe geworden? Zij moest een brief schrijven.

139

Translate:

Have you read the story? Will he go to Amsterdam? We shall buy new books and sell the old ones. They have written two letters. The train will arrive soon. They have arrived at a small town. He has stayed for seven days. My father and mother had eaten bread. She had travelled from London to Amsterdam. Have you travelled much? The boy has been very ill. Have they had a car? I must go home. He could not find his pen. They could not remember the date. She could expect this. The farmer has not trusted him. Shall we fetch the horses? May she play in the garden? Has he walked home? We have sung two old songs. The boy has fallen out of a train.

140

Translate:

Ik heb het paard over het hek zien springen. Hij heeft geen sigaretten kunnen kopen. Ik heb het hem niet durven zeggen.

Waarom heb je het kind niet laten spelen? We hebben de hele week kunnen schaatsenrijden. Ik had het gisteren willen doen. Ik zag hem staan wachten. Zij had hem nog nooit zien lachen. Hij heeft een uur lang niet kunnen spreken. Zij hebben hun boeken niet mogen verkopen. Ik ben blijven wachten.

141

Translate:

We have not been able to see him. Have you heard him speak? The child has not been allowed to play in the garden. He has let her sing. We have not dared to laugh. He has not wanted to laugh. I have heard him sing a beautiful song. He would not let me do it. I have never seen him read a book. We had never heard him tell a story. I have not been able to see the film. Has the dog never been allowed to go out?

142

Translate:

Het schaap wordt geschoren. De wol wordt verkocht. De tarwe wordt gezaaid. Het schip wordt geladen.
Het schaap werd geschoren. De wol werd verkocht. De tarwe werd gezaaid. Het schip werd geladen.
Het schaap is geschoren. De wol is verkocht. De tarwe is gezaaid. Het schip is geladen.
Het schaap was geschoren. De wol was verkocht. De tarwe was gezaaid. Het schip was geladen.

143

Translate:

Het huis wordt volgend jaar gebouwd. Wanneer worden de schepen verwacht? De boeken werden naar ziekenhuizen gestuurd. De foto's werden door mijn broer vergroot. Is de brief geschreven? De hond is door de boer gered. Om elf uur was de brand geblust. Alle bomen zijn omgehakt. De kinderen werden door hun moeder naar bed gebracht. Het lam is door de wolf opgegeten. De muis werd door de leeuw gevangen. Het boek was door mijn oom geschreven. Het land wordt door een koning geregeerd. Is het lied door de kinderen gezongen? Zij zijn door de burgemeester ontvangen. Waren die huizen nooit geschilderd? Die leugens zijn niet door hem verteld. Waarom werd zijn verhaal niet geloofd?

144 [A]¹

Translate:

De kat is uit het raam gesprongen. De kat is met vis gevoed. De trein is om tien uur aangekomen. De trein is groen geschilderd. Hij was naar huis gegaan. Hij was door zijn vader gezien.

145

Translate:

The house was built a year ago. We were seen by his brother. The new ship has been sold. When will the letter be written? The boy was bitten by a dog. His name is Richard, but he is called Dick. Have the horses and the cows been rescued? Was his story believed? The ship is not expected to-day. The raven was flattered by the fox. The roof of the old school will be repaired. The town would have been destroyed by the enemy. The books must be sent to my house. The country has always been governed well by its statesmen. He was trusted by his friends. The wheat has not been mown. The children were sent home. This road is never used. These glasses have not been washed. Where are these vases sold? The bird was caught by a small boy. His stories are not always believed. The girl was called by her father. The church had been built in the middle of the village.

IX

POSSESSIVE PRONOUNS

146

Translate:

Zijn geluk is mijn ongeluk. Hebben jullie je boeken meegenomen? Zij geloofde mijn verhaal niet. Zij hebben hun kinderen nooit naar school gestuurd. Heb je je kaartje aan de conducteur gegeven? Uw

1. see VIII, 60 [A].

huis is veel groter dan het mijne. Onze kinderen spelen op straat. Is dat boek van jou? Heb je geen jas? Ik zal je de mijne geven. Die auto is van hem; de onze staat in de garage, en die van jullie staat daar ook. Ons huis is ouder dan het uwe. De moeder heeft haar kind naar bed gebracht. Is dit jouw kamer of de zijne? Die hond is niet van jou, maar van mij. Een vriend van mij heeft me dit verteld. Die hond van jullie heeft mijn broer in zijn been gebeten.

147

Translate:

Have you seen his new house? She gave her pen to your brother. They have not written their letters. Does your son live in his house or in yours? The green car is not mine, but his. He gave all his money to his children. That coat of yours is becoming very old. They have no garden; the children always play in ours. Haven't you a bicycle? I'll give you mine. Has the girl forgotten her book? My plan is better than yours.

X
DEMONSTRATIVE PRONOUNS

148

Translate:

Dit boek. Dat verhaal. Deze tuin. Deze boeken. Die boom. Deze verhalen. Deze tuinen. Deze bomen. Die boeken. Die verhalen.
In dat bos groeien hoge bomen. Deze verhalen zijn geschreven toen de schrijver op Jamaica woonde. Ik zal dat schilderij aan deze muur hangen. Deze foto's zijn verleden jaar genomen, die andere zijn ouder. Deze sigaar smaakt beter dan die. Dit kind schrijft beter dan dat. Is hij zeventig jaar? Dat had ik nooit gedacht! Dit wilde ik u nog zeggen: rook niet te veel. Geef deze boeken hier en leg die op tafel. Daar loopt Jan Winkel. Heb je die wel eens zien voetballen? Gisteren heb ik de heer Willemse ontmoet. Een aardige man is dat! Ken je deze sigaretten? Ja, dat zijn heel lekkere. Zijn dat jullie jassen? Nee, deze zijn van ons.

Daarover wil ik nu niet spreken. Hebben jullie daar nog over gepraat? Wij hebben hier niets van gemerkt. Hierop kon hij niets antwoorden. Hij had niets daarvan gezien. Zij keken daar lang naar. Daarna gingen ze naar huis. Hier kan ik niets aan doen. Kun je daar niet over springen?

149

Translate:

These houses. That story. This garden. Those trees.
I have read this book; it is much better than that one. I never smoke those cigars. This house has not been painted. This photograph is good, but those are very bad. These are our children; those people have no children. These books are mine. Those are your cigarettes. Do you know these people? Yes, of course, they are my neighbours. Those must be my pens. Have you not thought of that? After that he stood up and went into his room. They looked at this for a long time.

XI

INTERROGATIVE PRONOUNS

150

Translate:

Wie weet de naam van dit dorp? Wat ga je nu doen? Wie hebben de appels geplukt? Wie van de aanwezigen wil op het toneel komen? Van wie is deze hoed? Met wie ben je naar de bioscoop geweest? Voor wie is deze wandeling te lang? Wat zei je? Weet je niet wat je moet antwoorden? Waar hebben jullie de auto mee schoongemaakt? Waar zullen we deze vaas op zetten? Welk meisje vond hij zo aardig? Welke foto wil je vergroten? Welke huizen zijn na de oorlog gebouwd? Met welk schip ga je naar Engeland? Wat voor mensen zijn jullie nieuwe buren? Wat voor bomen zouden hier het best groeien?

150 [A][1]

Translate:

Wat waren de kinderen vrolijk! Wat kun jij goed zwemmen! Wat kan hij praten! Wat is dat nu voor een antwoord! Wat een aardige

1. see XI, 70[A], 71[A].

mensen zijn dat! Wat hangt daar een mooi schilderij! Ik heb wat lekkers voor de kinderen meegebracht. Heb jij nog wat geld? Hij heeft altijd wat nieuws en zelden wat goeds. Wiens jas is dit? Wier kinderen zijn dat?

151

Translate:

Who can sing this song? Who knows the answer to this question? Who has lived in this house? From whom did you hear this story? To whom did you tell this? Which of you will help me? What did you think of? What have you painted your house with? What is this table made of? What shall I talk about? Which house was burnt down? Which man is your neighbour? In which car did he arrive? What kind of house has he bought? What kind of cigarettes do you smoke?

151[A][1]

Translate:

How big those apples are! How we laughed! What nice apples these are! What a strange story! There is still some food in the kitchen. There are some old trees in the garden. Whose picture is this? How beautiful! Whose coat is this?

XII
RELATIVE PRONOUNS

152

Translate:

Een man die drinkt, een vrouw die tot elf uur in bed ligt, een kind dat op school steelt — een mooie familie is dat! De personen wier namen met de letters A tot M beginnen, moeten morgen hun identiteitskaarten halen (XII, 75[A]). De naam van de verdronken zwemmer, wiens kleren op het strand werden gevonden, is niet bekend (XII, 75[A]). De oude dame wier beide benen waren gebroken, werd naar het ziekenhuis gebracht (XII, 75[A]). De voorzitter op wie de verantwoordelijkheid rustte, werd ontslagen.

1. See XI, 70[A], 71[A].

De kast waar de documenten in lagen, werd opengebroken. De brief waarin ze schreef hoe laat ze zou komen, kan ik niet vinden. Hij mocht alles wat hij verdiende zelf houden (XII, 77[A]). Er staat in dit boek niets wat jou kan interesseren (XII, 77[A]). Hij liep de honderd meter in elf en een halve seconde, wat heel snel is voor een jongen van zijn leeftijd (XII, 77[A]).

153

Translate:

The man who bought that car is very rich. The boy who fell in the street broke his arm. This is the girl whose name I don't know (XII, 75[A]). The man whose bicycle was stolen went to the police (XII, 75[A]). I spoke to a lady whose son I know (XII, 75[A]). The chair on which you are sitting is more than a hundred years old. This is the house in which I was born. He is the only man I can talk to (XII, 78[A]). I don't know what he did. There is nothing that he cannot do (XII, 77[A]). He got everything he wanted (XII, 77[A], 78[A]). He had run very fast, which is bad for his heart (XII, 77[A]).

XIII

INDEFINITE PRONOUNS

154

Translate:

Sommige mensen houden niet van vissen, omdat ze geen dier willen doden. Ik ken iemand die geen vlieg, mug of mier doodt. Als er een mier op zijn boek loopt, gaat hij naar buiten en zet hij het diertje op de grond. Al wat loopt, vliegt of kruipt is bij hem veilig. Toch heeft hij enkele dagen geleden een slang dood geslagen. Die slang kroop op zijn veranda en hij was bang dat zijn kinderen gebeten zouden worden. Elke doodslag doet hem pijn. Niemand heeft zoveel gevoel voor het eigen recht van dieren als hij. Verscheidene keren heeft hij mij gevraagd waarom ik graag vis. Ik kan niets antwoorden. Ik houd van de spanning, het wachten en het vangen. Het geeft mij een zekere voldoening als ik enige mooie vissen thuis kan brengen.

Wie ook graag vist, zal mij begrijpen. Over alles kan ik met mijn vriend goed praten, maar niet over dit onderwerp.

155

Translate[1]:

All journalists say: "Dog bites man" is not news; "Man bites dog," that is news. But no one thought that it would ever happen. Some people will not believe this story, but yet it is true. I read it in a paper some days ago.

A man, a certain Mr. Willemse, was walking with his dog in a little village, somewhere in the south of the Netherlands. The dog became tired and wanted to rest. He sat down and would not get up. But Mr. Willemse was in a hurry. Several times he talked to the dog, but the dog did not move. Mr. Willemse called him, shouted at him, tried everything, but the dog did nothing. Some people in the street stopped and laughed. Everyone told Mr. Willemse what to do. He became very angry, went to the dog and bit his ear. The dog stood up and walked quietly home. "There was nothing else I could do," said Mr. Willemse later. I am sure that any journalist would have liked to be present.

XIV

NUMERALS

156

Read aloud in Dutch:

2, 5, 8, 17, 22, 34, 58, 69, 103, 248, 777, 1021, 1949.

157

Translate:

— Hoe laat is het?

— Het is vijf (minuten) over negen.

— Wat? Is het al over negenen? Dan moet ik gauw gaan, want de trein vertrekt om half tien.

— Waarom ga je niet op de fiets naar het station?

— Mijn fiets is stuk. Gisteren is de ketting in tweeën gebroken.

— Ga dan met de bus.

1. see also XIII, 80[A]—84[A].

— Dat kan ook niet. De eerste bus gaat om tien voor negen, en die is dus al weg. De tweede gaat om tien voor half tien en komt te laat voor de trein. Ik zal hard moeten lopen. Tot ziens!

158

Translate:

I arrived at the station and looked at my watch. It was half past eleven. The train would arrive at ten to twelve, so I was twenty minutes early. I decided to go for a walk. I also wanted to buy some cigarettes. But that was not so easy. The first shop did not have any, the second shop was closed, and the third only had American cigarettes which I do not like. But I got what I wanted in the fourth shop. I looked at my watch again: seven to twelve! I ran back to the station. Had the train arrived yet? It was now exactly twelve o'clock. I asked the man in the office. — No, he said, it has not arrived yet. It will not arrive until after twelve.

XV

PREPOSITIONS

159

Translate:

Een paar dagen geleden hebben we een mooie autotocht gemaakt. Om tien uur reed mijn vader de auto de garage uit en daarna stapten we in. Mijn broer ging ook met ons mee. Het is een grote auto: er is plaats genoeg in voor zes personen. We reden door de straten van de stad, langs de grachten en over de bruggen, tot we buiten waren. Na een uur rijden kwamen we bij een groot bos. — Rijden we het bos door? vroeg ik, of gaan we er om heen? — Er door, zeiden de anderen. En daar hadden ze gelijk in, want het was een prachtig bos. Een uur lang reden we er door. Af en toe hielden we stil en stapten we uit om een eindje te wandelen en foto's te maken. Om twaalf uur waren we het bos weer uit. We reden naar een restaurant toe, parkeerden de auto voor de deur, gingen naar binnen en dronken een kopje koffie. Daarna reden we langs een andere weg terug en na anderhalf uur waren we weer thuis. Het was een mooie tocht geweest, en we hadden er allemaal erg van genoten.

160

Translate:
We live in a large house, outside the town. There is a beautiful garden in front of the house, and behind it is also a garden. You walk into the house through a wide, heavy door. There are rooms on either side of the passage. The first room on the left is my father's study. There is a writing-desk in it, some chairs and several bookshelves. It is actually the best room in the house, for you have a splendid view from it. Next to this room is the sitting-room, and behind that is my room. On the other side of the passage is the dining-room, and through the dining-room you come into the kitchen. You go up the stairs and you see the bedrooms. There is a little wood behind the house. We often walk through it, for the road to the town is on the other side of it.

XVI

CONJUNCTIONS

161

Translate, and underline the co-ordinating conjunctions:
De paarden en de wagen staan in de stal. De paarden draafden en de voerman zong een lied. Welke appel kies jij, de grote of de kleine? Wilt u hier wachten, of komt u liever later terug? Langzaam maar zeker gaat de tijd voort. Ze houdt niet van lezen, want haar ogen worden gauw moe. Je moet niet zo schreeuwen, want ik heb hoofdpijn. Geld noch goede woorden konden hier baten. Noch als dichter, noch als toneelspeler had hij ooit succes. Zij was arm en onbekend, doch er staat geschreven dat vele laatsten de eersten zullen zijn. Maar hij is toch altijd heel voorzichtig geweest? Of geloof jij dat niet? Hout, kolen, noch enige andere brandstof had hij in huis.

Translate, and underline the subordinating conjunctions:
Beste Vader en Moeder,
Gisteren ontmoette ik neef Willem. Hij vertelde me dat hij de volgende week naar Amerika gaat. Dat hij naar Amerika wilde gaan, wist ik al, maar dat hij zo gauw zou vertrekken was nieuw voor me. Hij wil jullie nog opzoeken voordat hij aan boord gaat. Hij besloot te gaan nadat hij een brief van een vriend uit Amerika had gekregen. Hij laat zijn vrouw en kinderen voorlopig hier, omdat hij eerst een huis wil zoeken. Wanneer hij een huis heeft, laat hij ze overkomen, zodat het gezin niet in een hotel hoeft te wonen, en de kinderen direct naar school kunnen gaan. Hoewel zijn salaris groot lijkt, weet hij nog niet zeker of hij er goed van zal kunnen leven, daar alles in Amerika veel duurder is dan hier. Terwijl hij daarginds is, zal zijn vrouw hier werken, als ze een goede betrekking kan krijgen. Toen ik hem vroeg of wij misschien konden helpen, zei hij dat hij daar met jullie over wilde praten.

Compare and translate:
of (*or;* co-ordinating conjunction) and *of* (*whether;* subordinating conjunction):
Wie zal beginnen, jij of ik? Ga je op reis in de vakantie, of blijf je thuis? Weet u misschien of uw buren op reis zijn? De kinderen vragen of ze naar de bioscoop mogen gaan. Ik betwijfel of je besluit wijs is. Ik weet niet of ik morgen zal kunnen komen. Heb je hem gevraagd of hij meegaat, of heb je niets gezegd?

XVII
ADVERBS

Translate:
Het zijn vrolijke kinderen. Ze lachten zo vrolijk.
Geef hem een goed boek. Hij heeft zijn werk goed gedaan.

Dat is een mooie oplossing. Je hebt dat probleem mooi opgelost.
Met snelle passen liep hij naar het kantoor van de directeur.
Hij liep snel naar de andere kant van de weg.
Sta je altijd vroeg op? Ja, ik ga met de vroege trein.
Zou de bus niet vroeger aankomen? Nee, de trein is het vroegst.
Wie het luidst praat heeft niet altijd gelijk. Holle vaten klinken het
meest. Wie het laatst lacht, lacht het best. Van al die arbeiders
werkt dat kleine, magere mannetje het vlugst. Zijn plannen zijn
meestal biezonder vreemd. De bom ontplofte met een verschrikkelijk harde knal. Dat nieuwe hotel is een geweldig hoog
gebouw.

165

Translate:
Who was first here, you or your friend? He swims fastest of all. He
walked quickly to his car. This pianist plays beautifully. We drove
slowly through the forest. Whoever arrives first will have the best
seat, and the one who arrives last will have to stand. He greeted me
very politely. This is a particularly good book. The choir has sung
very well. He was not well and yet he wanted to go out. You must
do this work well, for it is very important. Your uncle did it
extremely well. He had a terribly difficult time during the war.

XVIII
WORD-ORDER

166

a) Mijn broer heeft gisteren twee konijnen geschoten.
Write this sentence beginning with *gisteren*, and also beginning
with *twee konijnen.*
b) Ik zal morgen de auto schoonmaken.
Write this sentence beginning with *morgen*, and also beginning
with *de auto.*
c) Dit jaar beginnen de rozen erg laat te bloeien.
Write this sentence beginning with *de rozen*, and also beginning
with *erg laat.*

Translate:
Hij heeft de hele morgen in de tuin gewerkt. Ik heb gisteren een mooie film gezien. Waarom ben je verleden week niet naar de stad gegaan? Zij willen nu een nieuw huis kopen. Volgend jaar zullen we misschien naar Amerika gaan. Zulke dingen moet je niet zeggen. Over een paar dagen wordt de nieuwe school geopend. Door wie zijn deze brieven geschreven? Ik heb dat boek niet kunnen lezen. Waarom heb je het kind niet laten spelen? Toen hij dat gezegd had, ging hij naar huis. Als de trein op tijd is, komen we om tien uur aan. Dat we vroeg zouden komen, heb ik nooit gezegd. Dat hij een leugenaar was, heb ik nooit geloofd. Omdat hij te laat was opgestaan, miste hij de trein. Hij kon gisteravond niet werken, omdat hij hoofdpijn had. Ik zal die brief voor je posten, hoewel ik eigenlijk geen tijd heb om uit te gaan. Wanneer ik hem op zal kunnen zoeken, weet ik nog niet.

168

Translate and compare the following sentences:
De boer ging naar de markt. Ik zag dat de boer naar de markt ging.
Het schip lag aan de kade. Hij zei dat het schip aan de kade lag.
Het werd koud. Hij ging naar huis, omdat het koud werd.
Je besluit is verstandig. Ik betwijfel of je besluit verstandig is.
Ze kan een goede betrekking krijgen. Ze gaat werken, als ze een goede betrekking kan krijgen.
We hebben antwoord op onze brief gekregen. We zullen beslissen, als we antwoord op onze brief hebben gekregen.
De vruchtbomen beginnen eindelijk te bloeien. Het is nu warm geworden, zodat de vruchtbomen eindelijk beginnen te bloeien.

169

DAAR (conjunction and adverb):

Eindelijk kwamen we op de top van de heuvel. Daar zaten onze vrienden al op ons te wachten.
We gingen het huis binnen, en daar zagen we iets vreemds.

We durfden niet over het bergland te vliegen, daar de wolken te laag hingen.
Daar de wolken te laag hingen, durfden we niet over het bergland te vliegen.

170
TOEN (conjunction and adverb):

Na een half uur hadden we ons brood opgegeten. Toen gingen we weer verder.
Eerst liepen we een paar kilometer en toen namen we de trein.
We waren verbaasd, toen we onze vrienden al op de top van de heuvel vonden.
Toen we 's avonds thuiskwamen, zetten we de bloemen direct in vazen.

171
TOEN, ALS, WANNEER:

Als (wanneer) we thuiskomen, zullen we de bloemen direct in vazen zetten.
Toen we thuiskwamen, gingen we meteen naar bed.
Als we gegeten hebben, gaan we uit.
Toen we gegeten hadden, gingen we uit.
Toen aten we en daarna gingen we uit.

172
Put the words in the bracketed clauses in the correct order[1]:
Om zes uur was de mist zo dik, dat (we konden niet verder dan drie meter zien).
Omdat (hij was zo oud), mocht hij zitten.
Ik heb geen werk, zodat (ik kan de hele dag vakantie houden).
Het bericht dat (de inval was begonnen diezelfde nacht) bracht iedereen in de grootste spanning.
Ik vroeg aan de onderwijzer waarom (de twee jongens hadden een pen gekregen).
Of (ik kan op tijd komen), weet ik niet.

1. see also XVIII, 100[A], 103[A].

Als (je schrijft hem een brief), doe hem dan mijn groeten.

Ken je de jongen die (heeft de tenniswedstrijd gewonnen)?

Hij zag de auto niet, omdat (hij stond nog te denken) aan (wat had de dokter gezegd).

Hij waarschuwde mij toen (hij zag de politie naderbij komen).

173

Translate[1]:

Suddenly he saw a beautiful bird. He has never been to school. On this road a terrible accident has happened. I have never believed him. You must not do this. Have you planted a tree in the garden? I shall think about your proposal. We shall look you up next year. We saw a snake in the garden. I have lost my new book. I have never seen him laugh. Has he been able to come? They have not been allowed to enter the house. When he arrived in the city he went to a hotel. Although he was poor, he was always cheerful. Because the weather was fine, we went for a walk. I recognized him after I had heard him talk. I could not wait for him, because I had to leave at half past eleven. This is the boy who fell in the street and broke his leg. This is the book I mentioned to you. A man who never laughs cannot be happy. I saw that he bought that book. He said to me that he did not want to do it. I cannot believe that he is such a liar. As I do not like Wagner, I did not go to the concert. When I came home, the stove had gone out. When you see him, give him my regards. When I saw her, I did not know what to say. We were very tired when we arrived. Then we saw him and we had to laugh. As his health is not too good, he has to be careful. I asked him whether he was coming. Could you tell me whether you agree with his opinion? I thought you received a reply from him yesterday.

---

1. See also XVIII, 100[A], 103[A].

TEXTS FOR TRANSLATION
INTO DUTCH

TEXTS FOR TRANSLATION
INTO DUTCH

174

IT is raining and the children cannot play in the garden. But they know a game which they can play inside. Alfred puts his father's hat on his head, and looks in the mirror. He laughs. Then he takes a walking-stick in one hand and a brief-case in the other one. Lizzy comes in. She wears a long frock and holds it (IV, 28A) up with both hands. She is a lady, Alfred's wife. She says: "Are you ready, Mr. Hurley? It is time to go." Alfred answers: "Of course I am ready. Men are always quicker than women. Let's go." They walk slowly through the passage. Lizzy knocks at the door of the front room. Then she enters. Alfred follows her. Their mother is sitting in the room. She is sewing. "Good afternoon, Mrs. Hurley," says Lizzy, "how do you do? Are you very busy? Is it still raining?" Their mother smiles. "Yes," she says, "I am very busy, and it is still raining. But it is time for a cup of tea, isn't it (V, 38A)? Do you both take milk and sugar?"

175

I was writing a letter to a friend. Then I suddenly heard a voice outside. I stood up and went to the window. In the garden I saw my father and my uncle. They were walking towards the house. I ran upstairs and told my mother that they were coming. Together we went downstairs, and there we met them. I had not seen my uncle for several years. He lived in another town and he did not often have time to visit us. I liked him very much. He was still a young man, about thirty-five I think, and he was always kind and cheerful. I remembered (IV, 31) that he always came in his car when he visited us. He had an extremely old car, the oldest car I have ever seen (XII, 78A). I looked for the car, but I could not see it (IV, 29A). "Where is your car, uncle Bob?" I asked him. "It was getting too old," he answered smiling, "I had to leave it at home."

BEFORE the war we lived in a big house in Amsterdam. It was a beautiful old house on one of the canals. My father knew the history of the house, and he told us that it was built in the second half of the seventeenth century by a famous Amsterdam (III,25A) architect. One of the richest merchants of the city bought it shortly after it was finished, and lived in it (IV, 30) for many years. My father said that later on even one of the burgomasters of Amsterdam lived in it. The house had three storeys, cellars, and also an attic. There were two kitchens on the ground-floor. They were (X, 68A) not ordinary kitchens, but large halls, where it was rather dark and damp. When we were young, we were always a little afraid in those kitchens. We never played there, but always in the attic or in one of the wide passages. We liked the attic best (XVII, 98). There it was light, and from the windows you had a splendid view of the city. There was also a door from the attic to the roof, but that door was always locked, for it was too dangerous for us on the roof.

EARLY in the morning we left our hotel to take a walk through the town. The day before we had arrived late at night, so that we had not been able to see anything yet. Our friends had told us that it was a very interesting place and that we could easily spend a few days there. We walked along a narrow road which seemed to be the main street of the town. There were shops on either side of the road. They were all very small and dark, and from most of them (IV, 30) came the noise of loud voices. Everywhere small groups of people stood talking (V, 36A) together in front of the doors. We went on and soon we came to a market. There it was very crowded. Thousands of people were buying and selling (V, 36A) all sorts of things. It was a pity that we had so little money, for there were many beautiful and unusual things. We left the market and walked further through the oldest part of the town. The sun was now shining brightly and it was very hot.

ONE evening we walked along the front of the building of which (XII, 75) our school was part. In one room a light was still burning, but all the other windows were dark. On the other side of the garden we saw a fire. What could that be? Perhaps it was the gardener who was burning dry leaves and branches. But why so late? It was almost ten o'clock. We decided to go and ask him, for he was a nice old man, and we all liked him very much. For many years he had been (VIII, 56A) the gardener of the school and he knew every boy. "Hullo, Jim," my friend said, "what are you doing? Do you know what time it is?" The old man looked up and smiled at us. He did not seem at all surprised to see us there. "Yes, I do," he said cheerfully, "it is very late. But I wanted to finish this, for to-morrow the garden must look beautiful." And again he smiled at us.

179

On a cold day in winter (II, 9A) two friends, the fox and the wolf, were walking along a lonely road. They were hungry because they had not eaten for several days. The farmers had heard that these two were in the neighbourhood, and they had locked up all their hens, roosters and chickens. "I wish I had something to eat (XVI, 97A), said the fox. "Yes," said the wolf, "perhaps we can catch some fish." But it was freezing and all the ditches were covered with ice. Then the fox saw a hole in the ice. "Sit down," he said to the wolf, "with your tail in the water. Use your tail as a fishing-rod, and you'll catch more fish than you have ever seen." The wolf did what the fox told him, but after an hour he had not caught any fish. He was cold and tired, and decided to go away. But when he tried to get up, he could not. His tail was frozen in the ice. At last he pulled himself free, and lost the greater part of his beautiful tail. The fox laughed and laughed, but it was the end of their friendship.

180

It was two o'clock when Edward arrived in The Hague. His Dutch friend, Henk, had invited him for the summer vacation. Henk had written that he would be at the station. After the train had stopped, Edward looked out of the window, but he did not see Henk. "Perhaps he is waiting outside," he thought. He got out, and went to the exit. He waited for a while, but when Henk did not come, he decided to go. He felt hungry (IV, 31) and tired after his journey, and he went into a café next to the station. He ordered a cup of coffee and some sandwiches. He did not know Dutch, but fortunately the waiter spoke English. Edward showed him Henk's address, and the waiter, who was a friendly man, explained where it was. It was rather far from the station, and the waiter said that he should (VII, 50A) take a taxi. Edward had not much Dutch money, and he did not know whether it was enough for a taxi.

181

TOWARDS the end of the sixteenth century the father of Joost van den Vondel left Germany, where he had lived for some years (XIII, 80A), and settled in Amsterdam. In an old street in the heart of the city he began a shop in which he sold stockings and silk. Joost, who was born in Cologne in 1587, was about ten years old when they arrived in Amsterdam. During his long life (he died in 1679) he saw the city undergo many changes. It became much larger, almost seven times as large, and the population too increased seven times. Every year more ships cast anchor in the IJ, Amsterdam's harbour, and the voyages made by these ships became more important and also more dangerous all the time. After the fall of Antwerp in 1585, Amsterdam became the centre of European trade (II, 9A), and also the centre of Dutch art and science. It was a city of which any (XIII, 81A) inhabitant could be proud. There was wealth and prosperity, and literature and the arts flourished as never before. A magnificent new Town Hall was built, which is nowadays one of the Royal Palaces.

182

I still remember very well my first voyage. My brother and I travelled from England to Norway, where we were going to spend the summer holidays. Our first day on board was very pleasant. The sea was calm, it was sunny and there was hardly any wind. But the next morning it was quite different. As soon as we got up we noticed it. The ship was rolling so much that it was difficult to wash and dress (IV, 31). When we were ready we went up on deck. It was cold there. We hurried (IV, 31) to the dining saloon, but when we sat down at the table my brother did not eat at all. "Aren't you hungry?" I asked. He did not answer but shook his head. "You are sea-sick," I said. "Oh no," he said indignantly, "I am not sea-sick. I am just not hungry this morning. I'll lie down for a while." He looked as white as a sheet. He stood up and walked uncertainly to the door. But I could not eat either, and I soon followed him. On deck, in the fresh air, we felt (IV, 31) much better, and fortunately our sea-sickness did not last very long.

183

EVERYBODY knows that Columbus discovered America, and most people even know in which year, as that is one of the first dates one learns at school (XII, 78A). But it is not generally known that English navigators had a great part in this discovery. They sailed from Bristol towards the north-west, and reached Nova Scotia and New-foundland. When they arrived at the east coast of America, they knew that they had found new land, whereas Columbus in later years thought that he had only found a new route to Asia. But these navigators still thought that the world was flat, whereas Columbus firmly believed that it was round. If you sail towards the west, he thought, you will at last arrive in the east. He knew that in the east was Asia. So he sailed towards the west, and when he landed on the American coast, he thought it was Asia (XVI, 97A). For he did not know that there was a whole continent and a vast ocean between Asia and Europe.

184

LAST week I was travelling from Oxford to London. It was a fine day in June, and it was quite hot in the train. I was sitting in a corner next to the window, and when I came in I had opened the window a little. Opposite me, in the other corner, sat an old woman and a younger one, who was probably her daughter. They were talking very softly, so that I could not understand anything. Next to them sat a tall, thin man, with a bald head and a short, black beard. He was reading a book. I looked at my watch: in ten minutes we would arrive in London.

Suddenly the man with the beard looked up from his book. He coughed nervously, and said to me: "Excuse me, would you mind closing (V, 40A) the window?"

I got up and closed it. I must have looked a little surprised, for the man added: "There was such a draught." I had not noticed it, but perhaps he was right. He was bald, after all.

When I sat down again, he was still looking at me. "Good heavens", he exclaimed all of a sudden, "you are Bill Johnson, aren't you?"

"Yes," I said amazed, "that is my name."

"Well, don't you remember me?" he asked, "don't you recognize me?"

"No," I said, "to tell you the truth, I have no idea who you are."

185

IN February 1953 there was a very serious flood in the Netherlands. A violent storm from the north-east threw the water against the dykes. Finally some of them gave way, and the water poured in with incredible force and speed. Especially in the province of Zeeland the flood was terrible. The water stretched almost as far as one could see, and in some places it came higher than the roofs of the houses. Many people, more than a thousand, lost their lives. The survivors in the flooded towns and villages were often completely exhausted when they were rescued. Some of them had to wait on a roof for more than a day before a boat or a helicopter reached them. Others drifted for several days on the water in a small rowing-boat. A great number of people were completely surprised by the water and were killed when their houses collapsed. The loss of cattle was heavy, and great damage was done to the soil. It was one of the most terrible floods the Netherlands ever experienced (XII, 78A).

186

SPINOZA was born in 1634. His life was very simple. His family had come from Spain, or perhaps Portugal, to escape the Inquisition. He himself (IV, 31) was educated in Jewish learning, but found it impossible to remain orthodox. He was offered (VIII, 61A) 1000 florins a year to conceal his doubts. When he refused an attempt was made to assassinate him. When this failed he was cursed with all the curses in Deuteronomy.

He lived quietly, first in Amsterdam and then at The Hague, making his living by polishing lenses. His wants were few and simple, and he showed throughout his life a rare indifference to money. The few who knew him, loved him even if they disapproved of his principles.

The Dutch government, with its usual liberalism, tolerated his opinions on theological matters, though at one time he was in bad odour politically because he sided with the De Witts against the House of Orange. At the early age of forty-three he died.

187

THE streets of Salisbury were empty and still; I heard a clock and looked at my left wrist. Then I remembered where my watch was. I tried to count the strokes and decided that it must be midnight. Standing on the bridge I looked into the black river which was so clear in daytime. Then I moved on towards the Market. I sat down. I was very tired, and I shut my eyes, wondering if I could sleep there.

When I opened them again I saw two figures standing (V, 40A) at the corner. They seemed to be talking and I felt that they were watching me. Soon one came slowly towards me and I saw that he was a policeman.

"Well, what's wrong?" he asked suspiciously, not knowing what to think of me.

I took a deep breath and began to talk very quickly: "Can you tell me where I can get a bed for tenpence? I am travelling to London and I have lost a ten-shilling note."

He looked at me again and said: "Where's your family?"

"They're in London. I am travelling alone."

He looked over his shoulder, and then said slowly, as if he was not quite sure of himself:

"I don't know where you could get a bed for tenpence, but you could (VII, 50A) come to the station with me if you like."

For a moment I thought that he wanted to lock me up. Then I realized that he was being kind, and I walked with him through the dark streets.

188

THERE are in Utopia fifty-four towns, all on the same plan, except that one is the capital. All the streets are twenty feet wide, and all the private houses are exactly alike, with one door on to the street and one on to the garden. There are no locks on the doors and every-one may enter any house. The roofs are flat. Every tenth year people change houses – apparently to prevent any feeling of owner-ship. In the country there are farms, each containing not fewer than forty persons. Each farm is under the rule of a master and mistress, who are old and wise. All are dressed alike, except that there is a difference between the dress of men and women, and of married and unmarried. The fashions never change, and no difference is made between summer and winter clothing. At work, leather or skins are worn; a suit will last seven years. When they stop work, they throw a woollen cloak over their working clothes. All these cloaks are alike, and are the natural colour of wool. Each family makes its own clothes.

189

WE had been at school together, and I remembered him very well for he had always been a clever boy. He had been at the top of his class, and he had often won prizes for good behaviour and prizes for sport.

He saw me first, and he shouted and waved his hat, but my tram had already started to go. He ran after me for quite a distance, but the trams only stop at regular places. He could not run fast enough and was soon far behind.

At first I intended to jump off and shake his hand, but then I thought that he would catch up with the tram. But the tram went quicker and quicker, and quite a stream of cars and taxis were in the way. When the tram did stop, he was out of sight. I waited for a few moments, but when he did not appear, I went home. It was rather late and I was in a hurry. It seemed strange that he should (VII, 50A) run so hard after me, and I wondered what the reason could be. For he ran almost desperately.

190

HE was a barber and came from the north of Italy. He had fought in Africa and had been taken prisoner. In the prison-camp he was quite happy, and when they told him that he had to leave the camp and his friends, and that he was going to live on a farm, he did not like it at all. He was afraid of the people whom he could not understand

and who did not understand him. But in a few days he was used to the new life. Jim, the owner of the farm, was very kind to him, and tried to teach him English. At first the other men on the farm often teased him about the war. "Mussolini no good," they would (VII, 50A) say, and the Italian would grin and say: "Churchill no good." But when they saw that he did not get angry, they stopped teasing (V, 40A) him. Also they began to realize that the Italian was a man like themselves even though he wore a brown uniform with big blue patches. They saw that he was glad to be out of the war and that he had never wanted to be a soldier. They felt that there must be many more like him in Italy, and that not all Italians were Mussolinis and Cianos.

191

FOR a short time I had to stay in a foreign city. It was late, the noise of the traffic was dying down in the streets. I was bored, and so I entered a theatre, bought a ticket and a programme and was shown (VIII, 61A) a seat. The first piece, a drama, had already ended; we were now waiting for the last one, a one-act play by a Russian author, as I read on my programme, and played by two people, Dimitri and Natasha. A large curtain hid the stage. Three short hard knocks, and the stage became visible; a trunk on the floor – it might (VII, 50A) represent a hotel room – and in the background a window through which one could see high mountain tops, which glimmered white as if they were covered with snow.

Then something remarkable (III, 24), indeed almost frightening happened. A man jumped on to the stage, grabbed the curtains with his two fists, and tried to pull them towards himself and close them.

"Stop! I don't want it!" he shouted towards the wings, and again he shouted, louder and more passionately.

192

IT was a Sunday afternoon, about a year after the signing of the peace. Instead of the big house they had before, there was now a much smaller one. The living-room was much smaller too. Everything spoke of diminished prosperity, even if it was not really poverty.

The furniture consisted of cheap cases and chairs in the place of the firm furniture of former days. The walls were not papered but simply plastered, and on the floor there was, true, a carpet, but the floor itself was earthen.

Uncle Berend, still drowsy after the afternoon nap which he had just enjoyed, came in: a powerfully built man of medium height with greying hair but red beard. His small blue eyes were as sharp as steel. His face was burnt red in sharp contrast with his white forehead. A courageous face, which would almost have been noble, had it not been for the nose which was too small and coarse in shape. He carried his hat in his hand, and as he sat down he placed this on the ground next to him. He yawned once or twice and then stood up lazily in order to take the newspapers from the table. He read with little interest. After a little while his wife came in, Aunt Hannie, a typical farmer's wife of good family. Her hair was almost grey. In her grey eyes there was a serious, almost sad expression. She sat down at the table and she stared pensively outside. They did not speak.

193

CLOSE to the border of Gelderland there was a large prison-camp in Germany, where French and Czech officers were confined. Escapes were the order of the day. They fled westwards, knowing they had to go to a farmer in one of the villages on the border. When they got there the farmer gave them a good meal, hid them in the hay, and let them sleep for a whole day. Towards evening the farmer took them to the Rhine, where they were rowed across by a ferryman who could be trusted. From there across the Meuse and then on bicycles to Breda, which they reached ten hours later. They spent the night at Breda, and the next morning they went by train, with forged papers which had been procured for them, to France, and there they joined the partisans. In the meantime the farmer went home again on his bicycle. Later on the farmer made this trip on a motor-bicycle with a side-car; underneath the number-plate was the word: Police, the farmer being dressed in the uniform of the police, and one of the fugitives in a similar uniform, while a second was handcuffed and supposed to be a prisoner. Then the trip was made in the daytime, which was much quicker, but also more dangerous.

CHARLES V had been born and bred in the Netherlands, and he understood his Netherlands subjects. When he abdicated in 1555, he advised his son, Philip, to govern the Netherlands by Netherlanders. But Philip was incapable of understanding such advice. He was purely Spanish in language and upbringing and from the start he showed himself a foreign tyrant, although he had sworn to respect the privileges and liberties of provinces and cities.

In 1559, after the war with France was over, Philip left the Netherlands and never returned there. He left his half-sister, Margaret of Parma, as regent, with a Council, appointed by himself. This Council consisted of trusted men, on whom he could count to carry out his wishes. During those four years the king restored the Inquisition, which was hated by everyone in the country, by Protestants as well as by Roman Catholics. At the same time the Staten-Generaal repeatedly demanded the withdrawal of foreign troops from the country. It was a long time before Philip could make up his mind to recall these troops. The result was that the Netherlanders regarded him more and more as a complete foreigner.

I once saw Peutrus climb the spire, along the outside, up fifty-two metres. He ran there from his house, caught hold of the lightning conductor and within ten minutes sat on top against the weathercock. From everywhere in the fields – it was about one o'clock – people saw him climb; at the cross he looked no bigger than a cat. The village policeman was busy harvesting, too far from home to fetch his gun. Later he said: "I had a good mind to shoot him down". When Peutrus was almost down again, he saw his father waiting for him with a strap. Peutrus scrambled up again and ran along the gutter, all along the nave of the church. That meant risking his life again. If he fell off there, every bone in his body would be broken. Somewhere near the vestry he slithered down nimbly, crossed the churchyard, went through the hedge and into the fields.

That was the sort of fellow he was. It had never been possible to do anything about it. He had been like that since he was little. If you had known old Biezemans, his grandfather – but he is dead now –

you would know from whom Peutrus got it. The grandfather was a squat little fellow, but with broad shoulders, as strong as a horse and as nimble as a cat. A hard worker all his life, and a fierce fighter. A good man, but when he had had a pint he became pigheaded and nagging, and had to fight.

196

NETHERLANDS literature is not the literature of the Netherlands, but of the regions where Dutch is spoken. The Netherlands itself has eleven million inhabitants; the language sphere includes more than seventeen million Dutch-speaking people.

The writers who in the kingdom of Belgium, in the beginning of the nineteenth century, began the strongly romantic movement for the maintenance of their own language, knew only Flemish and therefore demanded its recognition. This "Flemish" was a conception difficult to define. For, speaking philologically, no Flemish language existed. There existed many splendid, rich dialects in the two Flanders (East and West), in Limburg, in Antwerp and in Brabant. Which of these dialects was the Flemish language for which there was such a fierce struggle?

Natural development has brought the solution. From 1850 to the present day the Dutch language asserted itself in Belgium also. With that the word Flemish, in its too wide and therefore incorrect meaning, is disappearing.

Official documents of Belgian authorities speak exclusively of the two vernaculars, Netherlands and French. All educated Flemings speak Dutch and besides, as do so many of their North Netherlands brothers, one or another dialect.

197

THE route round the Cape to the East led not only to India, but also to the East Indies, to what now is Indonesia. Originally the Dutch navigators had sailed along the African coast before they went to the east. But later they tried a newer and shorter way because of the prevailing westerly which seemed always to be blowing south of the Cape. They sailed along with this westerly wind due east until they came to the meridian of Batavia. Or so they thought. For in those days neither the Dutch nor any other navigators had any reliable

100

means of checking their longitude, and, therefore, their position. All they could do was to guess when it was time to turn to the north for Java. Sometimes they guessed too soon, sometimes just right, sometimes too late. And when they guessed too late, they saw ahead of them the dim outline of a new coast, a dangerous, rocky coast, on which many Dutch ships were wrecked. They called it the South Land. They drew rough charts of the bits they knew and recognized, and gradually a chart was drawn of the whole western coast, from the North-West Cape down to the "Leeuwin".

198

FOR more than three hundred years after the death of St. Patrick, Ireland was almost free from war on a large scale and from foreign invasions. Many battles were fought between rival kings and princes, but these battles did not cause wide disturbance. Education, agriculture and trade continued without interruption.

But towards the end of the eighth century a new and terrible danger appeared. For the first time since the coming of the Gaedhil foreign invaders approached their shores making fierce and persistent attacks along the whole coast. These invaders were known as Northmen, or Norsemen, because they came from Norway and Denmark. They were heathens – very savage and cruel, hardy, and not afraid of any danger. In their own bleak lands of the North they found it more and more difficult to gain a living as their numbers increased. So they started sailing the seas, first as fishermen and traders, and then as pirates.

The Northmen became the terror of Europe. They invaded England, conquered most of the seven kingdoms into which England was then divided, and compelled the chief English king, Alfred the Great, to pay them tribute. They sailed up the Seine and burned Paris, seized and held a portion of France, to which they gave the name Normandy. They penetrated into the Mediterranean Sea and ravaged the coasts of Italy.

199

UNTIL the time of the French revolution, Indonesia was ruled by a more or less autonomous private enterprise of Dutch citizens, the Dutch East India Company, rather than by the then Republic of the

Netherlands. Around the beginning of the seventeenth century, this trading company gradually gained a firm foothold and full authority by making treaties with the local princes, by building forts, and maintaining military forces.

Having come to Indonesia for commercial reasons, the East India Company had no idealistic desire to introduce an educational programme to the population in general. Any education sponsored by this group was for its own purposes. Their system, therefore, was fashioned along European lines and was tied up with the Christian religion which was not the religion of the Indonesians. The primary purpose of these schools was to educate the children of the Netherlanders so that they would be able to continue their studies when they returned to Holland.

The existence of the Dutch East India Company came to an end in 1798, and Indonesia then became a colony of Holland. A government was formed in Indonesia, at the head of which was a Governor General, assisted by the Council of the Indies.   Educational conditions, however, remained the same. Nor did the British interregnum in the Indies (1811–1816), when the Netherlands were occupied by France, result in any advance in the educational field.

200

ALTHOUGH modern Dutch is Hollands in its origin, it has naturally been influenced by the surrounding dialects. The strongest of these influences is that of the Flemish dialect. This is natural, for in the thirteenth and fourteenth centuries Flanders and Brabant were more important, economically, intellectually and socially than the North. In the revolt against Spain, however, the South gave way, returning to obedience to the Pope and the Spanish king. From that time (the fall of Antwerp in 1585 may be taken as the turning-point) the South became the plaything of empires, and its population was degraded into political servitude. The best and the most independent elements of the population, refusing to submit to the foreign yoke, left the country and strengthened the North, which became the first modern republic: De Verenigde Nederlanden. Hence the spoken, and still more the written language of the seventeenth century contains many southern words. And from the Frisian and the Saxon dialects some words were also borrowed, although this influence on modern Dutch is hardly any stronger than that of Scotch on modern English. The language thus formed in the seventeenth century was occasionally called Nederlands, but usually Nederduits, i.e. Low German, a name still preserved in the name of the former established church, de Nederduits Hervormde Kerk.

201

BECAUSE of the importance of the eighty years' war for the history of the Netherlands, nearly all Dutch historians have devoted part of their studies to it. Netherlands historiography is therefore nearly identical with the historiography of that war against Spain. At the same time, that war is one period of our past that is well known to many foreigners, especially since John Lothrop Motley wrote his "Rise of the Dutch Republic." No book ever published has done more to spread knowledge of the Netherlands. This American author and diplomat, enthusiastic in his admiration for the Low Countries, has been the greatest propagandist of all times for the Netherlands cause.

John L. Motley wrote his history at a moment when the Dutch historians were fully occupied by researches in the archives concerning that same period and were digging up thousands of documents, the contents of which considerably changed opinions about the most important events of the period. None of the great Dutch historians dared begin writing a full history of the eighty years' war when at any moment his theories might be upset by new discoveries in the archives. Motley himself spent years in the archives of several European capitals, but, happily, his imagination and poetical talent forced him to come out of the musty storehouses of the past and to compose his remarkable, if far from faultless narrative.

202

ANOTHER curious fact in the history of Dutch art is the way in which whole families have devoted themselves to painting. This persisted through the centuries, so that at times it seemed to be the rule rather than the exception. It may possibly be accounted for by the fact that painting was regarded as a craft or even a trade, rather than as an art in the more special sense. Fathers would instruct their sons at an early age, and the latter appear to have had sufficient talent to enable them to have quite considerable careers as artists. There were always plenty of teachers, as most of the artists were ready to practise that arduous profession. True, this resulted in the production of a number of mediocre pictures. It is significant that in the study of Dutch art as a whole, the genuine artists stand out from the rank and file as very notable figures. There would be no doubt in which class to put Rembrandt, Frans Hals, Vermeer, Jan Steen, Ostade, Van Goyen, Ruisdael, Pieter de Hooch, and so on. But one might sometimes be puzzled by such artists as Paul Potter, Berchem, Van der Heyden and a host of others – so it must be concluded that much of Dutch painting falls short of the highest art. On the other hand, no nation maintained more consistently so high a level of excellence in painting. Moreover, it was their own and did not result from the impinging of alien schools.

203

THE beginnings of Dutch poetry were aristocratic. It was among the leisurely class of the nobility that the writing of verse was first practised as a social pastime. A Limburg nobleman, Heinric van Veldeke, was the first Dutch poet of whom history has record. Thirty love songs by this medieval knight and minnesinger have been preserved, but not in the language in which he wrote them. They are extant in Middle High German translations. A similar fate befell a more ambitious work of his, an epic romance of Aeneas, which he retold from the French in his Limburg dialect. Veldeke's lyrics, imitations of Provençal poetry, were greatly admired in their German renderings and won for him the fame of father of the German Minnesang. As an interpreter of French culture to Germany he was a medieval internationalist; as a Dutch poet he was the pioneer of a national literature. The only work of his that is extant in its original form is a life of St. Servatius, a holy man of the fourth century whose miracle-working relics made the church at Maastricht where he lies buried, a popular shrine for pilgrims in search of health and consolation. It is unfortunate that Heinric's love songs have not come down to us in his Limburg idiom, for specimens of early Dutch minnesang are very rare. Only four songs of this kind have been preserved in a Heidelberg manuscript. They form part of a sequence of nine which are all ascribed by the compiler of the codex to John, Duke of Brabant.

204

AT our first meeting Eliot asked me what I wanted to do. I said: "Be a poet."

"I can understand your wanting to write poems, but I don't quite know what you mean by 'being a poet'," he objected.

I said I did not only want to write poems, but also perhaps novels and short stories. He said that poetry was a task which required the fullest attention of a man during his whole lifetime. I said I wished to be a poet and novelist, say, like Thomas Hardy. He observed drily that the poems of Hardy had always struck him as being those of a novelist.

"What about Goethe?" I asked. He replied that he thought the case of Goethe was rather like that of Hardy, only on a greater scale.

This dismayed me, in part because it gave me a sudden moment of insight in which I realized that I could not devote myself entirely to poetry. What I write are fragments of autobiography: sometimes they are poems, sometimes stories, and the longer passages may take the form of novels.   *Stephen Spender*

205

WE landed on some smooth snow, and had a look at the penguins. Each couple had a round nest of stones, and one of them stayed behind to look after the chick, while the other went to the sea to get shrimps. Thousands and thousands were waddling about, looking like rather fat men in evening dress. Others were standing on the edge of the sea on a low cliff of ice which they used as a diving board, and trying to push each other off. But you have probably seen all that in a film, and the Antarctic continent when we went over it looked very much like Admiral Byrd's film of it. It was just a jumble of huge mountains and glaciers with no sign of life. We went over the south pole, and then northward above Graham Land till we came to the sea again. We passed over a few ships on their way round Cape

Horn, and went on over Tierra del Fuego and South America. It was nice to see grass again. Over Argentina we came down low enough to see some of the great herds of cattle that are put into tins there, and then on we went across Brazil. It was getting fairly hot, so I got a sun helmet and a silk shirt and shorts out of the hamper, and put them on. When I looked down again I could see nothing but a solid green sheet, and it was only when Mr. Leaky told me, that I realized that it was not grass, but the tops of trees. We came down for a minute over the Amazon river, which was nearly as broad as the English Channel, and yet flowing quite quickly, carrying down huge trees. After some more mountains we came to the sea again at about half past three by my watch.

"Let's go and have a look at a volcano," said Mr. Leaky.

J. B. S. Haldane

206

GINGER STOTT is a name that was once very well known in England. Stott has been the subject of leading articles in every daily paper; his life has been written by an able journalist who interviewed Stott himself, during ten crowded minutes, and filled three hundred pages with details, seventy per cent of which were taken from the journals, and the remainder supplied by a brilliant imagination. Ten years ago Ginger Stott was on a pinnacle, there was a Stott vogue. You found his name at the bottom of signed articles written by members of the editorial staff; you bought Stott collars, although Stott himself did not wear collars; there was a Stott waltz, which is occasionally hummed by clerks, and whistled by errand-boys to this day; there was a periodical which lived for ten months, entitled Ginger Stott's Weekly; in brief, during one summer there was a Stott apotheosis.

But that was ten years ago, and the new generation has almost forgotten the once well-known name. One rarely sees him mentioned in the morning paper now.

No apology is needed for telling again the story of Stott's career. Certain details will still be familiar, it is true, the historic details that can never be forgotten while cricket holds place as our national game.

J. Beresford

THE trouble with the world (one of the troubles, of course) is that people do not know how to make conversation: as a rule they are boastful. The French say: we have the Eiffel Tower. The English say: we have the crown jewels in the Tower of London. In Baltimore they have the Duchess of Windsor's bath-tub, and in Antwerp they have a shoulder bone of a giant who once ruled the city. It is a bone of a whale, but that doesn't matter. Every nation, every city seems to bring forward only those things which are exceptional and therefore not characteristic of its real existence, and the world is presented to us like a curiosity cabinet.

Something should be done about it: some way should be found so that the Americans who are swarming over Europe might forget about skyscrapers, ships built in the wink of an eye and the planes that go faster than light and gossip. The Europeans should be told how America really lives.

They should know that the United States is an enormous but provincial city. That the Penasco Valley News reports not only world events but also informs its readers that Mrs. R. Waters has had her tonsils removed, that Esther Cartwright has the measles and Bobby Burns the mumps. That Joe Stillman was in town Tuesday selling hogs and that Lucius Hartford bought some flowery wallpaper to redecorate his house. They should be told that every well-to-do American family does not have a swimming pool, but that the youngsters go out to the old swimming hole and that every five years at least one of them gets drowned there. *Marnix Gijsen*

SOON after his father and mother had left him Ernest dropped asleep over a book which Mrs. Jay had given him, and he did not awake till dusk. Then he sat down on a stool in front of the fire, which showed pleasantly in the late January twilight, and began to muse. He felt weak, feeble, ill at ease and unable to see his way out of the innumerable troubles that were before him. Perhaps, he said to himself, he might even die, but this, far from being an end of his troubles, would prove the beginning of new ones; for at best he would only go to Grandpapa Pontifex and Grandmamma Allaby, and though they would perhaps be more easy to get on with than Papa and Mamma, yet they were undoubtedly not so really good, and were more worldly; moreover they were grown-up people – especially Grandpapa Pontifex, who so far as he could understand had been very much grown-up, and he did not know why, but there was always something that kept him from loving any grown-up people very much – except one or two of the servants, who had indeed been as nice as anything that he could imagine. Besides even if he were to die and go to Heaven he supposed he should have to complete his education somewhere.

Samuel Butler

209

THE history of the Victorian Age will never be written: we know too much about it. For ignorance is the first requisite of the historian – ignorance, which simplifies and clarifies, which selects and omits, with a placid perfection unattainable by the highest art. Concerning the Age which has just passed, our fathers and our grandfathers have poured forth and accumulated so vast a quantity of information that the industry of a Ranke would be submerged by it, and the perspicacity of a Gibbon would quail before it. It is not by the direct method of scrupulous narration that the explorer of the past can hope to depict that singular epoch. If he is wise, he will adopt a subtler strategy. He will attack his subject in unexpected places; he will fall upon the flank, or the rear; he will shoot a sudden revealing searchlight into obscure recesses, hitherto undivined. Guided by these considerations I have written the ensuing studies. It has been my purpose to illustrate rather than to explain. It would have been futile to hope to tell even a précis of the truth about the Victorian Age, for the shortest précis must fill innumerable volumes. But, in the lives of an ecclesiastic, an educational authority, a woman of action, and a man of adventure, I have sought to examine and elucidate certain fragments of the truth which took my fancy and lay to my hand.

Lytton Strachey

210

WHEN the tourist alights at the station of Monteriano, he finds himself in the middle of the country. There are a few houses round the railway, and many more spread out over the plain and the slopes of the hills, but of a town, mediaeval or otherwise, not the slightest

108

sign. He must take what is called a "legno" – a piece of wood – and drive eight miles along an excellent road into the Middle Ages.

It was three in the afternoon when Philip arrived at Monteriano. He was so weary with travelling that he had fallen asleep in the train. But his fellow-passengers looked after him, and when Monteriano came they dropped him out. His feet sank into the hot asphalt of the platform, and in a dream he watched the train depart. The hiring of the "legno" was not particularly easy and bored him unutterably. The man asked six lire; and though Philip knew that for eight miles it should scarcely be more than four, yet he was about to give what he was asked, which would have made the man discontented and unhappy for the rest of the day. He was, however, saved from this social mistake by loud shouts.

E. M. Forster

211

To learn a language one needs only the normal intelligence of a small child. There is no special "gift for languages" possessed by some but not by others. Everyone who is not deaf or idiotic has fully mastered his native language by the end of his fifth year, no matter how difficult or complex it may seem to strangers ; and who-ever has accomplished this feat can go on, to acquire facility in one or more foreign languages.

The child, having no fixed speech habits, imitates his parents and the other speakers about him without prejudice. By a long process of trial and error, during which he makes countless experiments and receives a good deal of correction, he finally attains to fluency. An adult, on the other hand, has already acquired a set of speech habits. The facility with which he moves his vocal organs in pronouncing his native language entails a corresponding want of skill in performing other movements; and when he studies a foreign language he is often inhibited from freely imitating his informant – sometimes to such a degree that he calls the foreign sound unpronounceable for all but native speakers. Such a conclusion is always a mistake; no language uses any sound which a foreigner cannot learn to pronounce perfect-ly. He only needs some basic training in phonetics, enough practice, and the comforting knowledge that there is no such thing as an un-pronounceable sound in any language in the world.

Bloch and Trager

THE scene is set in a clearing near a village in Spain. The time is the end of the sixteenth century. However the story is so fanciful that time and place scarcely seem to matter to the author, who, so far from avoiding improbabilities, provides them in plenty. Or would you say that it is not improbable for all the meetings to take place by chance in the one clearing? There the lover Bazilius meets his fiancée Quiteria, who is just about to be married to the wealthy farmer Kamacho. There too Kamacho intends to celebrate the wedding and have the wedding breakfast. And to this self-same spot chance brings Don Quixote, the wandering knight, in quest of new adventures.

The wedding of Kamacho, mentioned in the title of the play, becomes the wedding of Bazilius. But how does this come about? Bazilius, pretending to be desperate, stabs himself – or so he makes the others believe. In his "dying" state, he implores the priest and Kamacho to marry Quiteria to him, so that he will have been her husband at least for the few minutes of life left to him. Nobody examines the wound, nobody doubts that it is mortal. The success of the crafty Bazilius is no less due to the stupidity of his opponents than to his own cunning.

We know that Don Quixote has lost all contact with reality. He lives in a world, the unreality of which is clear to everybody but himself. Only his servant Sancho is occasionally prepared to show some belief in it.

The reality which Mr. Langendijk shows us is by comparison only a little less artificial. Just as Sancho is willing to believe Don Quixote, so we too – but on another level – must be willing to believe Langendijk.

BUT it grows dark: the crowd has gradually dispersed, and only a few stragglers are left behind. The light in the direction of the church shows that the fair is illuminated; and the distant noise proves it to be filling fast. The spot, which half an hour ago was ringing with the shouts of boisterous mirth, is as calm and quiet as if nothing could ever disturb its serenity; the fine old trees, the majestic building at their feet with the noble river beyond, glistening in the moonlight, appear in all their beauty, and under their most favourable aspect; the voices of the boys, singing their evening hymn, are borne gently on the air; and the humblest mechanic who has been lingering on the grass so pleasant to the feet that beat the same dull round from week to week in the paved streets of London, feels proud to think as he surveys the scene before him, that he belongs to the country which has selected such a spot as a retreat for its oldest and best defenders in the decline of their lives. Five minutes' walking brings you to the fair; a scene calculated to awaken very different feelings.

Charles Dickens

214

THEN came the night of the first falling star. It was seen early in the morning rushing over Winchester eastward, a line of flame high in the atmosphere. Hundreds must have seen it, and taken it for an ordinary falling star. Albin described it as leaving a greenish streak behind it that glowed for some seconds. Denning, our greatest authority on meteorites, stated that the height of its appearance was about ninety or one hundred miles. It seemed to him that it fell to earth about one hundred miles east of him.

I was at home at that hour and writing in my study, and although my French windows face towards Ottershaw and the blind was up (for I loved in those days to look up at the night sky), I saw nothing of it. Yet this strangest of all things that ever came to earth from the outer space must have fallen while I was sitting there, visible to me had I only looked up as it passed. Some of those who saw its flight say it travelled with a hissing sound. I myself heard nothing of that. Many people in Berkshire, Surrey and Middlesex must have seen the fall of it, and, at most, have thought another meteorite had descended. No one seems to have troubled to look for the fallen mass that night.

But very early in the morning poor Ogilvy, who had seen the shooting star, and who was persuaded that a meteorite lay somewhere on the common between Horsell, Ottershaw and Woking, rose early with the idea of finding it. Find it he did, soon after dawn, and not far from the sand-pits. An enormous hole had been made by the impact of the projectile, and the sand and gravel had been flung violently in every direction over the heath, forming heaps visible a mile and a half away.

H. G. Wells

111

NOTHING can distort the true picture of conditions and events in this world more than to regard one's own country as the centre of the universe, and to view all things solely in their relationships to this fixed point. It is inevitable that such a method of observation should create an entirely false perspective. Yet this is the only method admitted and used by the seventy or eighty national governments of our world, by our legislators and diplomats, by our press and radio. All the conclusions, principles and policies of the peoples are necessarily drawn from the warped picture of the world obtained by so primitive a method of observation.

Within such a contorted system of assumed fixed points, it is easy to demonstrate that the view taken from each point corresponds to reality. If we admit and apply this method, the viewpoint of every single nation appears indisputably correct and wholly justified. But we arrive at a hopelessly confused and grotesque over-all picture of the world.

Emery Reves

FOR the most wild, yet the most homely narrative which I am about to pen, I neither expect nor solicit belief. Mad indeed would I be to expect it, in a case where my very senses reject their own evidence. Yet, mad am I not – and very surely do I not dream. But to-morrow I die, and to-day I would unburden my soul. My immediate purpose is to place before the world, plainly, succinctly, and without comment, a series of mere household events. In their consequence, these events have terrified – have tortured – have destroyed me. Yet I will not attempt to expound them. To me, they have presented little but horror – to many they will seem less terrible than baroques. Hereafter, perhaps, some intellect may be found which will reduce my phantasm to the commonplace – some intellect more calm, more logical and far less excitable than my own, which will perceive, in the circumstances I detail with awe, nothing more than an ordinary succession of very natural causes and effects ....

E. A. Poe

Towards the middle of June the news went round that representatives of the peasants of the Marsica were going to be summoned to Avezzano to hear what the new government in Rome had decided about the Fucino question.

This piece of news caused a great sensation, because no previous government had ever admitted that there was such a thing as a Fucino question, and, since elections had been given up, even the lawyers in our part of the world had forgotten its existence, though previously they had talked about it a lot.

There could be no doubt that there was a new government in Rome, because from time to time we heard talk about it. It seemed to be a confirmation that there had been a war, or that there was going to be a war, because war is the only thing that can turn out a government. But nobody at Fontamara knew yet where the new government came from or what its nationality was. Governments are things that happen in the cities.

It was very remarkable, however, that a representative of the new government should want to talk things over on equal terms with the poor peasants.

"If the rumours are true," General Baldissera went about saying, "we are returning to the old régime, from which we should never have departed."

Ignazio Silone

This is the story of Danny and of Danny's friends and of Danny's house. It is the story of how these three became one thing, so that in Tortilla Flat if you speak of Danny's house you do not mean a structure of wood flaked with old whitewash, overgrown with an ancient untrimmed rose of Castille. No, when you speak of Danny's house you are understood to mean a unit of which the parts are men, from which came sweetness and joy, philanthropy, and, in the end, a mystic sorrow. For Danny's house was not unlike the Round Table, and Danny's friends were not unlike the knights of it. And this is the story of how that group came into being, of how it flourished and grew to be an organization beautiful and wise. This story deals with the adventures of Danny's friends, with the good they did, with their thoughts and their endeavours. In the end this story tells how the talisman was lost and how the group disintegrated.

In Monterey, that old city on the coast of California, these things are well known, and they are repeated and sometimes elaborated. It is well that this cycle be put down on paper so that in future time scholars, hearing the legend, may not say as they say of Arthur and Roland and of Robin Hood – "There was no Danny nor any group of Danny's friends, nor any house. Danny is a nature god and his friends primitive symbols of the wind, the sky and the sun."[1]

John Steinbeck

219

I was, I suppose, thirteen years old. Otherwise why should I have been there – in secret – on the dark croquet lawn? I could hear the rabbit moving behind me, munching the grass in his hutch; an immense building with small windows, rather like Keble College, bounded the lawn. It was the school; from somewhere behind it, from across the quad, came a faint sound of music: Saturday night, the school orchestra was playing Mendelssohn. I was alone in mournful happiness in the dark.

Two countries just here lay side by side. From the croquet lawn, from the raspberry canes, from the greenhouse and the tennis lawn you could always see – dominatingly – the great square Victorian buildings of garish brick: they looked down like skyscrapers on a small green countryside where the fruit trees grew and the rabbits munched. You had to step carefully: the border was close beside your gravel path. From my mother's bedroom window – where she had borne the youngest of us to the sound of school chatter and the disciplinary bell – you looked straight down into the quad, where the hall and the chapel stood. If you pushed open a green baize door in a passage by my father's study, you entered another passage, deceptively similar, but none the less you were on alien ground. There would be a slight smell of iodine from the matron's room, of damp towels from the changing rooms, of ink everywhere. Shut the door behind you again, and the world smelt differently: books and fruit and eau-de-Cologne.

Graham Greene

1. From *Tortilla Flat*. Copyright 1935 by John Steinbeck in the United States of America.

THE last week enjoyed, or rather experienced, by Professor A. may be reconstructed with tolerable accuracy from two sources – from the Professor's intimate diary, rediscovered at a much later date, and from the verbal evidence of his son. There is also the indirect evidence of one or two other survivors.

Those who knew the man seem to have admired him, though pity rather than admiration is likely to be the feeling by which those who peruse his history will be most affected; for we shall see a man quite unfitted for power, in his day the greatest living authority on Sophocles, rich in the culture of many languages and times, but for his own time, not through irresolution or timidity but rather, as it seems to us, through a pure kind of blindness, most inapt. He believed against all evidence, scholar though he was, not only in the existence but in the efficacy of a power more human, liberal and kindly than an organization of metal. Let us imagine, then, the last Monday of the Professor's life. At ten o'clock in the morning of this day he was standing on the dais of the College Hall, his long fingers turning over the pages of the text of Oedipus Tyrannus, and apparently unaware of the fifty or sixty students, men and women, who were crowding to their places at tables below the dais, sharpening pencils, smoothing out notebooks, smiling, nodding, conversing together in low tones.

Rex Warner

Mr. JAMES DUFFY lived in Chapelizod because he wished to live as far as possible from the city of which he was a citizen and because he found all the other suburbs of Dublin mean, modern and pretentious. He lived in an old sombre house, and from his windows he could look into the disused distillery or upwards along the shallow river on which Dublin is built. The lofty walls of his uncarpeted room were free from pictures. He had himself bought every article of furniture in the room: a black iron bedstead, an iron washstand, four cane chairs, a clothes-rack, a coal scuttle, a fender and irons and a square table on which lay a double desk. A bookcase had been made in an alcove by means of shelves of white wood. The bed was clothed with white bed-clothes and a black and scarlet rug covered the foot.

A little hand-mirror hung above the washstand and during the day a white-shaded lamp stood as the sole ornament on the mantelpiece. The books on the white wooden shelves were arranged from below upwards according to bulk. A complete Wordsworth stood at one end of the lowest shelf and a copy of the Maynooth Catechism, sewn into the cloth cover of a notebook, stood at one end of the top shelf. Writing materials were always on the desk. In the desk lay a manuscript translation of Hauptmann's Michael Kramer, the stage directions of which were written in purple ink, and a little sheaf of papers held together by a brass pin.   *James Joyce*

READING TEXTS

READING TEXTS

222

DE DROOM

EEN jaar heeft driehonderd vijfenzestig dagen, tweeënvijftig weken, twaalf maanden. Van al die tijd heb ik vier weken vakantie: een week met Kerstmis en drie weken zomervakantie in augustus. Verder heb ik natuurlijk de zondagen vrij, en ook de zaterdagmiddagen. Dat is al mijn vrije tijd. Je vraagt, wat ik met die vrije tijd doe? 's Winters speel ik voetbal, en als er ijs is ga ik schaatsen. 's Zomers ga ik zwemmen, als het warm genoeg is. Als het regent neem ik een boek, of speel ik op mijn fluit. Mijn zuster speelt dan op de piano, en mijn vriend speelt viool. Mijn moeder luistert naar deze muziek. Zij lacht en zegt: ,,Zal ik voor jullie zingen?" Ze heeft een vaas met bloemen in de hand en zegt: ,,Over een half uur gaan we eten."

We zitten aan tafel. Wat zullen we eten? Er is wit brood, bruin brood, boter, ham, honing, jam en kaas. En wat zullen we drinken? Water, melk of thee? Mijn vader drinkt koffie, mijn moeder een kopje thee, en ik drink een groot glas melk. Mijn vader heeft geslapen, en nu vertelt hij wat hij gedroomd heeft. Hij liep alleen op straat. Overal, uit de ramen van alle huizen, hingen vlaggen, rood, wit en blauw. Ver weg hoorde hij muziek. ,,Dat was jullie muziek," zegt moeder. Vader vertelt verder. Het stormde en regende, en er was geen mens op straat. Hij kwam langs een restaurant. De deur stond open. Vader zag mensen aan tafeltjes zitten eten. ,,Je had honger," zegt moeder. Vader wilde naar binnen gaan, maar hij had geen geld bij zich. ,,Het is eenendertig januari," zegt moeder, ,,morgen komt er weer geld." Toen kwam er een elegante jonge dame met glinsterende ogen. Ze lachte vriendelijk tegen hem. Ze legde een hand met een gouden ring aan elke vinger op zijn schouder, en zei: ,,Kom maar binnen, goede man, er is eten genoeg."

Vader lacht en zegt tegen moeder: ,,Waarom zeg je nu niet: ,Dat was ik', want jij kwam me roepen voor het eten."

117

VAARWEL

HET eiland is niet meer dan een lange rij duinen met weilanden ernaast. De Noordzee breekt tegen het strand en de duinen. Een hoge dijk beschermt de weilanden met hun boerderijen en koeien. Aan het einde van de duinenrij ligt een dorp van lage huisjes. Er is maar één straat in het dorp. Daar wonen de vrouwen en kinderen van zeelieden die op hun vrachtschepen over alle zeeën van de wereld varen. De vrouwen staan te praten aan de deur, de kinderen spelen op straat. De oude mannen die niet meer kunnen varen, zitten op een bank bij het haventje. Ze kijken naar de veerboot die eenmaal per dag de post en voedsel van het vasteland naar het eiland brengt. Soms komt er een jonge man met verlof. Lachend steekt hij zijn hand op, maar hij heeft geen tijd voor een praatje. Hij loopt vlug naar zijn huis.

Op een van de duinen buiten het dorp staat een vuurtoren. Het is een hoge, vierkante toren, met een prachtige lamp op de top. Wanneer het donker wordt, werpt die lamp zijn licht recht de ruimte [1] in. De hele nacht door schijnt dit licht over land en zee.

Op een koude wintermorgen moest ik naar het vasteland gaan. Het was nog donker, maar in het oosten werd de hemel al grijs en lichter. Er kraakte ijs onder mijn voeten toen ik over de loopplank van de veerboot liep. Ik bleef op het dek staan, en keek naar het inladen van enkele kisten die op een wagen gebracht werden. Er was nog één andere passagier, een jonge vrouw met een kind op de arm. Ze werd gebracht door twee andere vrouwen, die op de loopplank afscheid namen. Ze ging naast mij aan de railing staan toen de boot langzaam wegvoer. De hemel was nu helemaal licht geworden en de huisjes werden zichtbaar in de schemering. Het licht van de vuurtoren draaide nog eenmaal en ging uit. De jonge vrouw zwaaide met haar zakdoek. Plotseling snikte ze. Ze nam het kind, dat naast haar knieën stond, weer op de arm, wees naar het dorp en de vuurtoren en riep hartstochtelijk [2]: „Zul je dit nooit vergeten!"

1. space   2. passionately

224

ONZE HOND EN ONZE KAT

Onze hond en onze kat zijn goede vrienden. Ze vechten niet, ze stelen elkaars voer niet, en soms slapen ze zelfs in dezelfde mand. Als een van ons 's avonds met de hond gaat wandelen, staat de kat op alsof de wandeling voor hem bedoeld is. Hij (of moet ik zeggen: zij ?) springt de voordeur uit en gaat naast de hond lopen. Het is grappig om te zien. Het is alsof ze uit een circus komen.

Toch hebben ze een verschillende natuur. De hond snuift langs de grond en rukt soms aan de leren riem omdat hij een andere weg wil nemen. De kat trippelt voort, maar springt soms speels op een tuin-muur of een schutting en loopt zo in de hoogte mee. Soms springt hij naar de kant van de weg, als hij denkt dat hij een rat of een muis hoort. Maar daarna lopen ze weer kalm naast elkaar tot ze thuis zijn.

In huis ligt de kat het liefst dicht bij de haard. Hij houdt van warm-te. De hond is een beetje bang voor het vuur. Hij wil altijd dicht bij mij liggen. Als ik een boek zit te lezen, komt hij naast mijn stoel op de grond liggen. Hij valt dan in slaap. Maar na tien minuten wordt hij weer wakker en doet zijn ogen open om te zien of ik er nog ben. Als ik er nog ben, slaapt hij verder. Tien minuten later doet hij zijn ogen weer open en licht hij zijn kop op. Als ik niet naar hem kijk, staat hij op en legt hij zijn kop op mijn knie. Hij kijkt mij met treurige ogen aan en kreunt even. Als ik mijn hand dan op zijn kop leg en hem even aan zijn oren trek, is het goed. Hij gaat dan weer liggen en slaapt onmiddellijk. Tien minuten. Daarna doet hij hetzelfde weer.

Maar de kat blijft bij het vuur liggen. Hij heeft geen menselijke warmte nodig. Daarom denk ik dat de hond een klein kinderzieltje heeft, en de kat alleen een lichaam.

225

ONS HUIS

Ons huis staat in een grote tuin. Voor het huis groeit gras. Achter het huis staan mooie bomen met dikke takken en groene bladeren. Er hangen vruchten aan de bomen: appels, peren, pruimen en kersen. Ook zijn er bomen die geen vruchten dragen: er is een eik, een beuk en een linde. In de winter hebben die bomen geen bladeren, maar in de zomer geven ze veel schaduw. Er staan ook allerlei bloemen in de tuin. In het voorjaar bloeien de tulpen, in de zomer bloeien de rozen, en in de herfst de asters. Door de tuin loopt een pad, en om de tuin is een hoge heg. Onder een van de bomen staat een bank. Daar zit ik vaak als het mooi weer is. Ik lees dan een boek of kijk naar de vogels.

Als je de voordeur van ons huis binnengaat, kom je in een brede gang met deuren aan beide kanten. Op de benedenverdieping is onze zitkamer, de studeerkamer van mijn vader, de eetkamer, de keuken, en een klein kamertje dat wij het rommelkamertje noemen. Daar staan kisten en dozen en koffers, en oude meubelen die we niet meer gebruiken. In de zitkamer staan vier stoelen, een bank en een tafeltje. In de hoek bij het raam staat de piano. Aan de muren hangen een paar schilderijen. Het schilderij naast de deur is van Vermeer, en het schilderij dat tussen de ramen hangt is van Rembrandt. Het zijn natuurlijk geen echte schilderijen – zo rijk zijn we niet! – maar het zijn platen. Het eerste schilderij stelt een keukenmeid voor, die melk uit een kan schenkt. Op het andere staat een brug over een smalle rivier. De zon gaat onder, en de hoge bomen bij de brug maken het landschap donker.

Voor de schoorsteen staat een grote haard waarin 's winters kolen branden. Op de schoorsteenmantel staat een klok. Het is een prachtige klok, met de maan en de sterren in de wijzerplaat. Hij is meer dan honderd jaar oud. Maar hij loopt niet, hij moet gerepareerd worden. Boven de schoorsteenmantel hangt het portret van mijn grootmoeder. Zij is heel oud, en wij zien haar niet vaak, omdat ze in een andere stad woont en niet ver kan reizen.

Op de bovenverdieping van het huis zijn de slaapkamers en de badkamer. Mijn broer en ik hebben elk een eigen slaapkamer. Er staat een bed in mijn slaapkamer, en een stoel, en een boekenkast met mijn boeken. Mijn broer houdt veel van sport, en de muren van zijn kamer hangen vol met voetballers, atleten, zwemmers en tennisspelers. Hij kan zelf ook goed voetballen en speelt in het eerste elftal van onze school.

Ons huis is heel oud; men zegt dat het in de achttiende eeuw gebouwd is. Men zegt ook dat er in de vorige eeuw een oude man in woonde die erg gierig was. Hij verborg zijn geld onder de vloer van een van de kamers. Na zijn dood, zegt men, komt zijn geest af en toe kijken of het geld er nog is. Ik weet niet of het waar is. Ik heb maar één keer een spook in ons huis gezien. En voor dat spook was ik niet bang, want het was mijn broer die een laken om zich heen had gedaan.

EEN DAG NAAR AMSTERDAM

JAN was een jongen van zes jaar. Hij woonde met zijn ouders in een dorp in het westen van het land, niet ver van Amsterdam. Jan was nooit in Amsterdam geweest. Maar hij wist dat het een grote stad was, met hoge, oude huizen en veel grote winkels. Zijn vader beloofde hem dat zij in de vakantie samen een hele dag naar Amsterdam zouden gaan.

„Wanneer is het vakantie?" vroeg Jan.

„Over veertien dagen," zei zijn vader.

Jan telde de dagen. Hij kon bijna niet wachten tot het vakantie was. Maar op een ochtend zei zijn vader tegen hem:

„Jan, ik ga vandaag naar de stad. Heb je zin om mee te gaan?"

„Ja!" riep Jan, en hij liep al naar de gang om zijn jas aan te trekken. Even later gingen ze op weg. Ze liepen naar het station, dat dicht bij hun huis was. Vader kocht de kaartjes en ze gingen naar het perron waar de trein al klaar stond. Ze stapten in en gingen zitten. Jan zat bij het raam, zodat hij goed kon uitkijken. Een paar minuten later vertrok de trein. Ze reden door het vlakke land, waar koeien en schapen graasden. Na ongeveer een half uur zag Jan in de verte een toren.

„Is dat Amsterdam?" vroeg hij, en hij wees naar de toren.

„Ja," antwoordde zijn vader, „dat is Amsterdam. De toren die je daar ziet, is de toren van de Westerkerk."

„Zijn er nog meer torens in Amsterdam?" vroeg Jan weer.

„O ja," zei zijn vader, „er zijn verscheidene torens in de stad, maar de Westertoren is de hoogste, geloof ik, en zeker een van de mooiste."

Toen de trein in het station stilhield, stapten ze uit. Buiten het station, op het stationsplein, bleven ze even staan. Wat was het daar druk! Jan keek naar alle auto's, trams en fietsen, en hij werd er bijna bang van. Hij hield de hand van zijn vader goed vast.

„Hoeveel mensen wonen er in Amsterdam?" vroeg hij.

„Heel veel," zei zijn vader, „bijna een miljoen. Maar nu moeten we een plan maken voor vandaag. Wat zullen we doen, en waar zullen we heen gaan?"

„Kunnen we naar de dierentuin gaan?" vroeg Jan.

„Ja zeker," zei zijn vader, „laten we dat doen. Dat is erg leuk. Dan gaan we met de tram."

De tram reed hard en het duurde niet lang of ze stopten voor een groot ijzeren hek. Dat was het hek van Artis, de dierentuin. Meer dan twee uur wandelden ze door de dierentuin, en ze zagen allerlei dieren die Jan nog nooit gezien had: apen, leeuwen, tijgers, beren, teveel om op te noemen. Vooral de leeuwen vond hij prachtig.

„Ik wou dat ik een leeuw had," zei hij. „Een klein leeuwtje. Mag ik er een hebben? Wilt u er een voor me kopen?"

Zijn vader lachte.

„Dat is onmogelijk," zei hij, „de leeuw zou je bijten. Kijk maar eens wat een scherpe tanden hij heeft."

„Wat jammer," zei Jan teleurgesteld, „het zou zo leuk zijn om zelf een leeuw te hebben. Ik zou met hem in de tuin kunnen spelen, en hem mee naar school kunnen nemen. Geen enkele jongen op school heeft een leeuw."

„Nee, natuurlijk niet," zei zijn vader lachend, „de jongens op school weten ook wel dat de leeuw ze zou bijten."

Toen ze de hele dierentuin doorgelopen waren, was Jan erg moe. Zijn voeten waren zo zwaar als lood. Ook had hij honger en dorst.

„Ik heb honger," zei hij.

„Geen wonder," zei zijn vader, „we hebben een paar uur gelopen, en het is al bijna twee uur. Laten we maar gauw wat gaan eten."

Ze gingen op een bank zitten en aten de boterhammen die ze meegenomen hadden. Jan kreeg ook een glas limonade. Toen de boterhammen en de limonade op waren, voelde hij zich veel beter.

„Wat gaan we nu doen?" vroeg hij.

„Zullen we een tochtje door de grachten maken?" vroeg zijn vader.

„Door de grachten?" vroeg Jan verbaasd. „Met een boot? Kan dat? Heeft u dan een boot?"

„Kom maar mee," zei zijn vader, „dan zal ik het je laten zien."

Ze gingen weer een eindje met de tram, en stapten uit bij een van de grachten. Daar lag een mooi, wit motorbootje.

„Daar ligt onze boot," zei vader. „Stap maar in."

Jan kon zijn oren en ogen niet geloven.

„Is die boot van u, vader?" vroeg hij.

„Nee, hij is niet van mij," zei vader lachend, „maar we kunnen er wel een tochtje in maken. Kijk maar, er zitten al mensen in."

Ze stapten in en de boot voer meteen weg. Langzaam voeren ze door de smalle grachten.

„Zo kun je al die mooie huizen veel beter zien dan wanneer je door de drukke straten loopt," zei vader. „Zie je dat grote huis daar? Nee, dat andere, met die brede deuren. Zie je het? En nu moet je eens naar de overkant van de gracht kijken. Zie je daar dat smalle huisje? Dat is een van de smalste huisjes van Amsterdam. Het grote huis werd in de zeventiende eeuw voor een rijke fabrikant gebouwd. Die fabrikant had een oude knecht, en toen het grote huis gebouwd werd, zei de knecht dat hij tevreden zou zijn met een huisje dat zo breed was als de deuren van het huis van zijn meester. En dat heeft hij gekregen."

Jan vond het allemaal erg interessant, en hij vond dat het tochtje veel te gauw afgelopen was. Om vijf uur stonden ze weer in het station, waar het nu nog drukker was dan in de ochtend. In de trein viel Jan bijna in slaap van vermoeidheid. Thuis vertelde hij alles wat hij gezien had aan zijn moeder, en toen hij naar bed ging, praatte hij nog steeds over brede en smalle huizen, leeuwen en tijgers, en boten die door de grachten varen.

227

SLIMME DIEREN

De leeuw is de koning van de dieren, en de muis is maar een klein, zwak diertje. Eens, heel lang geleden, werd de muis door de leeuw gevangen. Hij kon niet meer ontsnappen en hij was heel erg bang. Hij smeekte om genade. Toen kreeg de leeuw medelijden en gaf hem zijn vrijheid terug. De muis was dankbaar en blij, en beloofde dit nooit te zullen vergeten.

Een hele tijd later liep de muis weer door het bos. Plotseling hoorde hij een vreselijk gebrul. Wat was er gebeurd? Jagers hadden een net gespannen en daarin zat de leeuw gevangen. Hij kon er niet meer uit. Maar de muis had scherpe tanden, en daarmee kon hij de leeuw nu helpen. Hij knaagde het touw van het net door. En het duurde niet lang of hij had een gat gemaakt waardoor de leeuw naar buiten kon kruipen.

EEN ezel die een paar zware zakken met zout droeg, moest een rivier oversteken. Hij liep het water in en bleef enkele ogenblikken in het koele water liggen. Toen hij weer opstond en verder wilde gaan, merkte hij dat de zakken veel lichter waren geworden. Bijna al het zout was in het water gesmolten. Dat vond de ezel prettig en hij vergat het niet.

Toen hij de volgende dag weer een zware last te dragen had, ging hij er eerst mee door het water. Zijn baas, die een koopman was, vond het niet zo prettig, omdat zijn koopwaar nu steeds nat werd. Daarom bedacht hij het volgende. Hij laadde de ezel met sponzen, en liet hem zo door het water lopen. De sponzen werden natuurlijk erg zwaar, en de ezel verdronk bijna. De koopman redde hem uit het water, en de ezel had zijn les geleerd.

EEN vriend van mij reisde eens door een woestijn. Hij was uitgeput door de hitte en had geweldige dorst. Eindelijk ontdekte hij een waterbron. Hij rende er naar toe, maar toen hij er dicht bij was en de laatste stappen wilde doen, bemerkte hij dat de put omringd was door nat zand. Zodra hij probeerde dichter bij de bron te komen, zonken zijn voeten diep weg in het zand. Het was onmogelijk om het water te bereiken.

Op dat ogenblik kwam een wild woestijnpaard naar de bron. Het was duidelijk dat het dier ook wilde drinken. Maar hoe? Langzaam en voorzichtig liep het paard over het vochtige zand, totdat zijn hoeven begonnen weg te zinken. Toen liep het terug en bleef staan. Na enige ogenblikken vormden zich kleine plasjes water waar de hoeven in het zand waren gezonken. Daar had het paard op gewacht. Het liep weer naar de bron en dronk het water uit de plassen die het zelf gemaakt had.

DE PRINSES OP DE ERWT

Er was eens een prins die met een prinses wilde trouwen. Maar het moest een echte prinses zijn.

Hij reisde door de hele wereld om er een te vinden. Hij zag veel prinsessen, maar hij wist nooit of ze echt waren. Dat was moeilijk te zien.

Hij ging weer naar huis, naar zijn paleis, en hij was bedroefd, want hij wilde zo graag een echte prinses hebben.

Op een avond was er een verschrikkelijke storm. Het bliksemde en het donderde, en de regen viel in stromen neer. Het was in één woord ontzettend.

Opeens hoorde de prins een klop op de poort van het paleis. Zijn vader, de oude koning, stond op en opende de poort.

Voor de poort, in de regen, stond een prinses. Wat was ze nat! Het water liep uit haar kleren en haren. Maar ze zei dat ze een echte prinses was.

„We zullen zien," dacht de oude koningin. Maar ze zei niets, en ging naar de slaapkamer. Daar nam ze alle lakens en dekens van het bed. Op de bodem van het lege bed legde ze een erwt. Toen nam ze twintig matrassen en legde die op de erwt. Op al die matrassen legde ze nog twintig dikke dekens. Daarop moest de prinses 's nachts liggen.

De volgende morgen vroeg de oude koningin hoe ze geslapen had.

„O, vreselijk slecht," antwoordde de prinses. „Ik heb de hele nacht geen oog dicht gedaan. De hemel weet wat er in mijn bed lag. Ik heb op iets hards gelegen, zodat mijn hele lichaam bont en blauw is. Het was verschrikkelijk."

Toen wist de koningin dat het een echte prinses was. Want door al die matrassen en dekens had ze de erwt gevoeld. Zo gevoelig kan alleen een echte prinses zijn.

De prins nam haar tot vrouw, want nu wist hij heel zeker dat hij een echte prinses had. De erwt ging naar het museum; je kunt hem daar nog zien als niemand hem heeft weggenomen.

naar H. C. Andersen

WAT VADER DOET IS ALTIJD GOED

ER was eens een boerderij, en in die boerderij woonden een boer en zijn vrouw. Ze waren heel arm. Ze hadden eigenlijk alleen een paard. Maar dat paard gebruikten ze niet veel, en daarom besloten ze het te verkopen. Of misschien zouden ze het kunnen ruilen voor iets anders. Maar wat?

,,Dat weet jij het best, vader," zei de vrouw. ,,Er is nu markt in de stad. Ga naar de markt en verkoop ons paard, of ruil het voor iets nuttigers. Wat jij doet, doe je goed." En zij kuste hem, en de boer reed op zijn paard naar de markt.

Onderweg zag hij een man met een koe. Het was een prachtige koe. ,,Die zal veel melk geven," dacht de boer. ,,Het zou een goede ruil zijn, als ik die koe voor mijn paard kreeg."

Hij ging naar de man met de koe, en zei: ,,Ik weet wel dat een paard duurder is dan een koe, maar dat komt er niet op aan. Ik heb liever een koe dan een paard. Zullen we ruilen?"

,,Goed," zei de man met de koe, en ze ruilden.

Nu had de boer zijn paard geruild en nu kon hij naar huis teruggaan. Maar hij wilde toch eerst de markt zien. En hij ging met zijn koe op weg naar de stad.

Daar zag hij plotseling een man met een schaap. Het was een mooi schaap met een dikke vacht[1].

,,Een schaap is gemakkelijk," dacht de boer. ,,Het eet gras langs de weg, en in de winter kun je het in de kamer nemen. Het is veel verstandiger om een schaap te hebben dan een koe." En tegen de man met het schaap zei hij: ,,Zullen we ruilen?"

De man met het schaap keek hem aan, en zei: ,,Ja, dat is goed," en de boer ruilde zijn koe voor het schaap.

Na een poosje zag hij een man met een grote gans onder zijn arm. ,,Dat is een zware gans," zei de boer. ,,Die heeft vet en veren. Mijn vrouw heeft altijd gezegd dat ze een gans wil hebben. Wat ga je ermee doen?"

,,Ik ga hem op de markt verkopen," zei de man.

,,Wil je hem misschien ruilen?" vroeg de boer. ,,Ik geef je mijn schaap voor je gans."

1. fleece

„Goed," zei de ander, en de boer gaf hem zijn schaap en kreeg zelf de gans.

Dichtbij de markt zag de boer een man met een kip. De boer dacht: „Dat is de mooiste kip die ik ooit gezien heb, nog mooier dan de kip van de dominee. Een kip is nog gemakkelijker dan een gans." En hij vroeg aan de man met de kip: „Zullen we ruilen?"

„Ruilen," zei de man, „ja, dat is best," en ze ruilden.

Nu had de boer al heel wat gedaan en hij was nog niet bij de markt. Het was warm en hij was moe. Hij begon honger en dorst te krijgen. Hij zag een herberg en ging binnen. In de herberg stond een man met een grote zak over zijn schouder.

„Wat heb je daar?" vroeg de boer.

„Rotte appels," zei de man, „een hele zak vol, voor de varkens."

„Prachtig," zei de boer. „Wij hadden dit jaar maar één appel aan onze boom. We hebben hem bewaard, tot hij helemaal uitgedroogd was. Wil je die appels ruilen?"

„Jawel," antwoordde de man, „wat geef je ervoor?"

„Ik geef je mijn kip voor je appels." Hij kreeg de zak met rotte appels voor zijn kip, en hij dronk tevreden een glas bier.

Er zaten ook een paar Engelsen in de herberg. Die waren zo rijk dat hun zakken scheurden van de goudstukken. Ze hielden ook van wedden[1]. Ze hoorden het hele verhaal, van het paard, de koe, tot de rotte appels toe.

„Wat zal je vrouw hiervan zeggen?" vroegen ze. „Die zal zeker erg boos zijn als je thuiskomt."

„Boos? Waarom?" vroeg de boer. „Ze zal zeker niet boos zijn. Ze zal me een kus geven, en ze zal zeggen: wat vader doet is altijd goed."

„Zullen we wedden?" vroegen de Engelsen. „Honderd pond goudstukken tegen honderd pond appels!"

„Uitstekend," zei de boer.

De herbergier haalde zijn wagen, de Engelsen gingen erin, de boer ging erin en de rotte appels gingen erin. Zo reden ze naar de boerderij.

„Dag moeder!" „Dag vader!"

„Ik heb het paard geruild, hoor."

„Dat is prachtig," zei de vrouw, en ze gaf hem een kus.

„Ik heb het paard geruild voor een koe."

1. to bet

„Ha, dan hebben we melk," zei de vrouw. „Nu kunnen we pap eten, en boter en kaas maken. Dat was een goede ruil."

„Ja, maar die koe heb ik weer geruild voor een schaap."

„Natuurlijk. Een schaap is ook eigenlijk veel beter dan een koe", zei de vrouw. „Je bent een verstandige man. We hebben net genoeg gras voor een schaap. Nu kunnen we schapemelk drinken en schapekaas eten, en we kunnen misschien zelfs wollen kousen en wollen dekens maken. Dat geeft een koe niet. Een koe verliest zijn haar."

„Ja, maar dat schaap heb ik weer voor een gans geruild."

„O, dan hebben we dit jaar een kerstgans!" riep de vrouw uit. „Dat is een goed idee. Ik zal zorgen dat ze tegen Kerstmis goed vet is. Vader, wat ben jij toch verstandig!"

„Maar die gans heb ik later weer geruild voor een kip."

„Een kip! Dat is een goede ruil," zei de vrouw. „Een kip legt eieren en broedt ze uit. Zo krijgen we kuikens en tenslotte een hele kippenboerderij."

„Ja, ja, maar die kip heb ik geruild voor een zak rotte appels."

„Daar moet ik je een kus voor geven," zei de vrouw. „Dank je wel, vader. Je bent heel verstandig geweest. Ik moet jou ook iets vertellen. Ik wilde een goed maal voor je maken, want ik dacht wel dat je honger zou hebben als je thuiskwam. Maar ik had geen eieren. Ik ging naar de schoolmeester, want die heeft eieren, dat weet ik. Ik vroeg zijn vrouw of ik een ei kon lenen. Maar die vrouw is erg gierig. ‚Lenen', zei ze, ‚ik kan je niets lenen, want we hebben niets. Ik zou je zelfs geen rotte appel kunnen lenen.' Nu kan ik haar rotte appels lenen, een hele zak vol. Dat is heerlijk, vader!"

„Dit is ongelooflijk," zeiden de Engelsen. „Zoiets hebben we nog nooit gezien. Dat is goud waard. Je hebt je weddenschap gewonnen."

En de boer kreeg zijn honderd pond goudstukken.

„Zie je wel," zei de vrouw, „wat vader doet is altijd goed."

naar H. C. Andersen

230

DE ZWIJNENHOEDER

ER was eens een arme prins die een koninkrijk had dat maar erg klein was. Toch was het groot genoeg om op te trouwen. En trouwen wilde hij. Hij wilde trouwen met de dochter van de keizer.

Het was wel een beetje brutaal van hem, dat hij tegen de dochter van de keizer durfde zeggen: ,,Wil je met me trouwen?'', maar hij durfde het toch, want zijn naam was beroemd genoeg. Er waren honderden prinsessen die ,,ja'' zouden hebben gezegd, maar wij zullen zien wat de dochter van de keizer zei.

Op het graf van de vader van de prins groeide een rozestruik, een prachtige rozestruik. Hij bloeide slechts eens in de vijf jaar, en dan kwam er maar één roos aan. Maar het was een roos die zo heerlijk geurde, dat men al zijn zorgen vergat. En ook had de prins een nachtegaal die prachtig kon zingen. De roos en de nachtegaal wilde hij aan de prinses geven. Daarom werden ze in grote zilveren dozen gelegd en aan haar gezonden.

Toen de prinses de twee grote dozen zag, klapte ze in haar handen van blijdschap. ,,Ik hoop dat het een klein poesje is,'' zei ze. Ze opende de ene doos en zag de mooie roos.

,,Wat is die roos mooi gemaakt,'' zeiden de hofdames.

Maar toen de prinses de roos aanraakte, begon ze bijna te huilen.

,,Bah, papa,'' zei ze, ,,het is geen gemaakte roos, maar een natuurlijke.''

,,Bah,'' zeiden de hofdames, ,,een natuurlijke!''

,,Laten we eerst zien wat er in die andere doos is, voordat we ontevreden worden, '' zei de keizer. Toen opende de prinses de tweede doos en vond de nachtegaal. Hij begon onmiddellijk te zingen, met zijn mooiste stem.

,,Prachtig! Schitterend!'' zeiden de hofdames.

,,Ik kan niet geloven dat het een echte vogel is,'' zei de prinses.

,,Jawel, het is een echte vogel,'' zeiden zij die hem gebracht hadden.

,,Laat dan de vogel maar vliegen,'' zei de prinses, en zij wilde niet toestaan dat de prins bij haar zou komen.

De prins was teleurgesteld, maar hij maakte een plan. Hij verfde zijn gezicht bruin en zwart, ging naar het paleis van de keizer en klopte aan de poort.

,,Goedendag, keizer,'' zei hij, ,,kan ik in dienst van het paleis komen?''

,,Er zijn er zoveel die me dat gevraagd hebben,'' zei de keizer, ,,maar laat me eens zien. Ik heb iemand nodig om op mijn zwijnen te passen, want wij hebben er zoveel.''

En zo werd de prins keizerlijke zwijnenhoeder. Hij kreeg een ar-

129

moedig klein kamertje, dicht bij het.varkenshok. De hele dag zat hij daar te werken, en toen het avond werd, had hij een mooie kleine pot gemaakt, met belletjes rondom. Zodra de inhoud van de pot kookte, begonnen de belletjes te rinkelen en speelden ze de bekende melodie:

Ach, mijn lieve Augustijn,
alles is weg.

Maar het mooiste van de pot was, dat men eraan kon ruiken wat de mensen in de stad aten.

Nu gebeurde het dat de prinses met al haar hofdames langs de hut van de zwijnenhoeder wandelde. Ze hoorde de melodie en ze bleef verrast staan, want zij kon die melodie ook op de piano spelen, met één vinger. Het was de enige melodie die zij kon spelen.

„Die melodie ken ik," zei ze, „dat moet een welopgevoede zwijnenhoeder zijn. Ga eens naar binnen en vraag hem wat dat instrument kost."

Een van de hofdames ging naar binnen, maar ze deed eerst klompen aan.

„Hoeveel moet je voor die pot hebben?" vroeg de hofdame.

„Ik moet er tien kussen van de prinses voor hebben," antwoordde de zwijnenhoeder.

„Goede hemel!" riep de hofdame uit.

„Ja, voor minder kan ik het niet doen," zei de zwijnenhoeder.

De hofdame ging weer naar buiten.

„Nu, wat zegt hij?" vroeg de prinses.

„Dat kan ik onmogelijk zeggen," zei de hofdame, „het is te verschrikkelijk."

„Dan moet je het maar fluisteren," zei de prinses, en de hofdame fluisterde het.

„Hij is zeer onbeschoft,"[1] zei de prinses, en liep onmiddellijk weg, maar toen hoorde ze de belletjes weer:

Ach, mijn lieve Augustijn,
alles is weg.

„Luister," zei de prinses, „vraag hem of hij tien kussen van mijn hofdames wil hebben."

1. rude, insolent

130

„Nee dank u," zei de zwijnenhoeder, „tien kussen van de prinses of ik houd de pot."

„Het is erg vervelend," zei de prinses. „Dan moeten jullie allemaal voor mij gaan staan, zodat niemand het kan zien."

En de hofdames gingen om haar heen staan, en zo kreeg de zwijnenhoeder tien kussen, en de prinses kreeg de pot.

Nu was de prinses blij. De hele dag en de hele avond moest de pot op het vuur staan, en nu wisten ze wat de mensen in de stad aten. De hofdames dansten en klapten in de handen.

„Wij weten wie soep eet, en wie pannekoeken eet, wij weten dat de kamerheer biefstuk eet, en dat de schoenmaker karbonade[1] krijgt. Wat is dat interessant!"

„Maar jullie moeten er vooral niet over spreken," zei de prinses, „want ik ben de dochter van de keizer."

„Nooit van ons leven," riepen ze allemaal.

De zwijnenhoeder – dat wil zeggen de prins, maar niemand wist dat hij een prins was – werkte elke dag, en zo maakte hij eens een ratel. Toen hij die ratel ronddraaide, speelde hij alle walsen, marsen en polka's die van de schepping van de wereld af bekend waren.

„Maar dat is prachtig," zei de prinses, toen ze voorbij kwam en de ratel hoorde. „Nooit in mijn leven heb ik een mooiere compositie gehoord. Ga hem eens vragen wat dat instrument kost. Maar ik kus hem niet meer."

Een hofdame ging naar binnen en kwam even later weer terug.

„Hij wil er honderd kussen van de prinses voor hebben," zei ze.

„Ik geloof dat hij gek is," zei de prinses, en ze liep door.

Maar toen ze tien stappen gelopen had, bleef ze staan.

„Men moet de kunst aanmoedigen," zei ze. „Ik ben de dochter van de keizer. Zeg hem, dat hij weer tien kussen krijgen kan. De rest kan hij aan de hofdames vragen."

„Dat willen wij liever niet," zeiden de hofdames.

„Dat is onzin," zei de prinses. „Als ik hem kan kussen, kunnen jullie het ook. Jullie zijn in mijn dienst." Toen ging de hofdame weer naar binnen.

„Honderd kussen van de prinses," zei de zwijnenhoeder, „of ieder behoudt het zijne."

1. chops

„Ga voor mij staan," zei de prinses tegen de hofdames, en de hofdames gingen weer allemaal in een kring voor de prinses staan.

„Wat is dat daar bij het varkenshok," zei de keizer die op het balkon van zijn paleis stond, en hij zette zijn bril op. „Wat doen al die hofdames daar ? Ik zal eens gaan kijken," en hij liep er heen op zijn sloffen.

De hofdames hadden het zo druk met het tellen van de kussen, dat zij de keizer niet zagen aankomen. Die ging op zijn tenen staan om over hun hoofden te kunnen kijken.

„Wat is dat hier ?" vroeg hij, toen hij het kussende paar zag, en hij sloeg hen met zijn sloffen om de oren, juist toen de zwijnenhoeder zijn zevenentachtigste kus kreeg.

„Er uit!" riep de keizer, want hij was vreselijk boos. En beiden, de prinses en de zwijnenhoeder ,werden uit zijn rijk verbannen.

Daar stond de prinses nu, en huilde. De zwijnenhoeder schold op haar, en de regen viel bij stromen neer.

„O, wat ben ik ongelukkig," zei de prinses, „waarom heb ik de mooie prins niet genomen ?"

En de zwijnenhoeder veegde achter een boom het zwart en bruin van zijn gezicht, gooide zijn armoedige vuile kleren weg, en kwam toen tevoorschijn als een prins, zo mooi dat de prinses diep voor hem boog.

„Ik heb de grootste minachting voor u," zei hij. „Een eerlijke prins wilde u niet hebben. U weet niets van rozen en nachtegalen. Maar de zwijnenhoeder wilde u wel kussen voor een pot en een ratel. U kunt verder doen wat u wilt. Ik groet u!"

En toen keerde hij terug naar zijn koninkrijk, sloot de deur en deed de grendel erop. En de prinses kon buiten blijven staan en zingen:

> Ach, mijn lieve Augustijn,
> alles is weg.

naar H.C. Andersen

231
HET VROUWTJE VAN STAVOREN

HET stadje Stavoren ligt aan de westkust van Friesland. Het is een klein en rustig stadje, maar het is niet altijd zo rustig geweest.

Eens, lang geleden, was Stavoren een rijke handelsstad. Er woonden veel rijke kooplieden en de haven was altijd vol schepen. Die schepen voeren de zeeën over naar verre landen. Vaak duurden hun reizen langer dan een jaar. En dan kwamen ze terug met kostbare ladingen, zodat de kooplieden van Stavoren elk jaar rijker werden.

De rijkste van allemaal was een vrouw, de weduwe van een koopman. Zij woonde in het grootste huis van de stad, droeg de mooiste kleren en had de meeste bedienden. Ze gaf vaak grote feesten, maar niet omdat ze zo gastvrij was. Ze wilde alleen maar laten zien hoe rijk ze was, en hoeveel geld ze kon uitgeven. Ze was machtig en trots, en de mensen in Stavoren noemden haar de koningin van de stad.

Op een morgen lag er weer een van haar schepen klaar om uit te varen. De schipper zei tegen haar:

„Wat zal ik voor u van de reis meebrengen? Wilt u goud, diamanten, juwelen? Of is er misschien iets anders dat u graag zou hebben?"

De vrouw dacht na. Ze had genoeg goud en juwelen, ze had eigenlijk alles. Ze wist niet wat ze wilde hebben. De schipper keek haar vragend aan. Tenslotte zei ze:

„Ga heen, en breng mij het kostbaarste dat je op je reis ziet. Je moet zelf maar beslissen wat het zal zijn."

De schipper boog en ging heen.

De volgende dag voer het schip uit. Het bezocht veel vreemde landen en steden. De schipper zag zoveel schatten en kostbaarheden, dat hij niet wist wat hij zou kopen. Hij kon geen besluit nemen. Telkens kwam hij met lege handen bij zijn schip terug, en dan gaf hij bevel om naar een ander land te vertrekken. Misschien zou hij daar geluk hebben.

Na enkele maanden kwam hij in de hoofdstad van een ver land waar hij nog nooit geweest was. Hij liep door de straten van de stad, zoekend naar iets dat kostbaar genoeg was voor de vrouw van Stavoren. Plotseling stond hij stil. Wat zag hij daar? Was dat een biezonder soort goud? Het was alsof het gloeide in het donker.

Maar het was geen goud, het was graan, goudgeel graan, in grote zware korrels. De schipper stond er met open mond naar te kijken. Wat een prachtig graan! Zulk graan kende hij niet. En hij begreep dat hij gevonden had wat hij zo lang gezocht had. Dit was het mooiste geschenk dat hij kon meenemen. Hij kocht zoveel graan als het schip kon dragen en voer terug naar Stavoren.

133

Toen het schip de haven binnenvoer, kwamen alle mensen naar de kade. Iedereen wilde weten wat voor een lading de schipper meebracht. Maar de schipper zei niets. Hij ging naar het huis van de rijke vrouw.

„Wat heb je meegebracht?" vroeg ze.

„Kom mee naar het schip, dan zal ik het u laten zien," antwoordde de schipper.

De vrouw keek verbaasd, maar ging met hem mee. Toen ze bij het schip kwamen, opende de schipper het ruim[1] en wees op het graan.

„Dit is het kostbaarste dat ik op al mijn reizen heb kunnen vinden," zei hij.

De vrouw zei eerst niets. Ze staarde naar het graan, en werd bleek van woede. Na enkele ogenblikken zei ze hees:

„Graan! Doodgewoon graan! Hoe durf je mij zo te beledigen! Aan welke kant van het schip heb je het ingeladen?"

„Aan bakboord, mevrouw," zei de schipper.

„Dan gooi je het aan stuurboord er weer uit!"

De schipper weigerde eerst, en zei dat hij dat niet kon doen. Maar het hielp niet en hij moest gehoorzamen. Al het kostbare graan werd overboord geworpen. Maar de schipper zei:

„Er zal een tijd komen dat u hier spijt van zult hebben. Eens zult u wensen dat u dit graan nog had."

De vrouw lachte honend[2], en zei:

„Nooit zal ik er spijt van hebben! Nooit zal ik wensen dat ik dit graan nog had! Ben ik niet rijk en machtig?"

Toen nam ze een ring van haar vinger en gooide hem in zee.

„Pas als ik deze ring terugvind, zal ik spijt hebben van wat ik heb gedaan."

En ze liep trots naar huis, zonder om te kijken.

Maar de volgende morgen kreeg ze bericht dat een van haar schepen gedurende een hevige storm vergaan was. Het schip had een rijke lading aan boord, en het was een zwaar verlies voor de vrouw. Een paar dagen later kwam er weer een dergelijk bericht: een ander schip was op een zandbank gelopen en door de golven in stukken geslagen.

1. hold   2. scornfully

Kort daarna brandde een van haar grote pakhuizen tot op de grond toe af. En zo ging het door.

Toen kwam op een morgen een van haar bedienden binnen, en zei, bevend van angst:

„Ik was bezig het eten klaar te maken, en toen ik een vis opensneed, vond ik dit!"

En hij hield een ring in zijn hand, de ring die de vrouw indertijd in zee gegooid had. Ze schrok, en schreeuwde:

„Gooi die ring weg! Hij brengt ongeluk!"

Maar het ongeluk was er al, want ze had al meer dan de helft van haar bezittingen verloren. En het werd nog erger.

Op de plaats waar het graan in het water geworpen was, vormde zich een zandbank. Die zandbank lag precies voor de ingang van de haven. Hij werd elke dag groter en tenslotte sloot hij de haven helemaal af, zodat er geen schip meer in of uit kon varen. Nu was er geen handel meer mogelijk in Stavoren.

De vrouw die men eens de koningin van de stad genoemd had, werd arm, zo arm dat ze eindelijk van de honger stierf.

232

PINOKKIO

Er was eens ....

„Een koning," denk je natuurlijk.

Nee, geen koning. Er was eens een stuk hout.

Het was geen mooi hout, maar een gewoon stuk brandhout. Het lag in de werkplaats van een timmerman, die Antonio heette. Antonio wilde dit stuk hout gebruiken om een tafelpoot te maken. Hij nam zijn bijl, want hij wilde eerst de schors[1] eraf slaan. Maar toen hij de eerste klap met de bijl wilde geven, bleef hij met opgeheven arm staan, want hij hoorde een heel zacht stemmetje, dat smekend zei:

„Sla me niet al te hard."

Antonio keek door de kamer om te zien waar dat stemmetje vandaan gekomen was. Maar hij zag niemand. Hij keek onder de tafel: daar was niemand; hij keek in de kast, die altijd op slot was: niemand.

1. bark

Hij opende de deur van de werkplaats en keek op straat: hij zag niemand.

„Ik begrijp het al," zei hij lachend, „ik heb me dat stemmetje natuurlijk verbeeld."

En hij ging weer aan het werk. Hij nam de bijl weer op en gaf een harde slag op het stuk hout.

„Au! Je doet me pijn!" riep hetzelfde stemmetje weer.

Nu werd Antonio werkelijk bang en zijn ogen rolden bijna uit zijn hoofd. Hij begon te stotteren:

„Waar kwam dat stemmetje vandaan? Er is hier niemand te zien. Of zou dit stuk hout kunnen huilen en praten als een kind? Dat kan ik toch niet geloven. Het is een heel gewoon stuk brandhout, zoals alle andere. Als je het op het vuur gooit, zou je er een pot bonen op kunnen koken. Zou er iemand in dat hout zitten?"

Terwijl hij zo aan het praten was, nam hij het stuk hout op, en sloeg er hard mee tegen de muur.

Daarna hield hij op, om te luisteren of hij het stemmetje weer hoorde. Hij wachtte twee minuten, maar hij hoorde niets; vijf minuten: niets; tien minuten: nog niets!

„Ik begrijp het nu," zei hij lachend, „ik heb me dat stemmetje verbeeld."

En omdat hij eigenlijk erg bang was, begon hij te zingen. Hij legde de bijl neer, en nam een schaaf[1], om het stuk hout glad te schaven.

Terwijl hij aan het schaven was, hoorde hij hetzelfde stemmetje weer, dat nu lachend zei:

„Houd toch op! Je kietelt[2] me over mijn hele lijf!"

Toen viel Antonio van schrik op de grond. Hij hield zijn ogen stijf dicht en durfde zich niet te bewegen.

Ondertussen werd er op de deur geklopt.

„Kom binnen," riep de timmerman, maar hij had geen kracht om op te staan.

Er kwam een oud mannetje binnen, dat Gepetto heette.

„Goedemorgen, Antonio," zei Gepetto. „Ik kom je een gunst vragen."

„Zeg het maar," antwoordde de timmerman, terwijl hij opstond.

„Ik heb vanmorgen een idee gekregen. Ik wil een marionet maken.

---

1. plane   2. to tickle

Een heel biezondere, die kan dansen en schermen. Met die marionet ga ik rondreizen om wat geld te verdienen. Nu zou ik een stuk hout van je willen hebben om die marionet van te maken. Wil je me dat geven?"

Antonio haalde het stuk hout dat hem zo bang gemaakt had. Hij wilde het aan Gepetto geven, maar plotseling gleed het uit zijn handen, en sloeg met een harde klap tegen de benen van Gepetto.

,,Waarom doe je dat, Antonio?" riep Gepetto uit. ,,Je breekt mijn benen bijna."

,,Ik zweer je dat ik het niet gedaan heb!" zei Antonio.

,,Wie deed het dan?"

,,Het is de schuld van dat stuk hout," zei Antonio.

,,Zeker, het hout heeft het gedaan, maar jij sloeg ermee tegen mijn been!"

,,Dat heb ik niet gedaan," zei Antonio weer.

,,Leugenaar!"

,,Ezel!"

Toen werd Gepetto zo kwaad, dat hij zich op de timmerman wierp en met hem begon te vechten. Toen ze genoeg gevochten hadden, had Antonio twee grote schrammen op zijn neus, en er waren twee knopen van Gepetto's jas af. Ze gaven elkaar een hand en zwoeren hun leven lang goede vrienden te zullen blijven. Gepetto nam zijn stuk hout onder de arm, bedankte Antonio en liep naar huis.

GEPETTO was erg arm. Hij woonde in een klein kamertje, dat maar één raampje had. De meubels konden niet eenvoudiger zijn:. een kapotte stoel, een bed en een oude tafel. Er was een schoorsteen met een vuur eronder, maar dat vuur was geschilderd. Boven het vuur was een pot geschilderd, die een wolk stoom verspreidde die net op echte stoom leek.

Zodra Gepetto thuis was, begon hij het hout te snijden om zijn marionet te maken.

,,Ik zal hem Pinokkio noemen," zei hij, ,,dat is een naam die geluk brengt."

Toen hij een naam voor zijn marionet had gevonden, begon hij ijverig te werken. Eerst maakte hij zijn haar, toen zijn voorhoofd en daarna zijn ogen.

Zodra de ogen klaar waren, zag hij dat ze bewegen konden en hem aandachtig aankeken. Toen Gepetto zag dat die ogen naar hem keken, werd hij een beetje boos, en zei:

„Lelijke houten ogen, waarom kijken jullie me aan?"

Geen antwoord.

Na de ogen maakte hij de neus; maar nauwelijks was de neus klaar, of hij begon te groeien; hij groeide en groeide, tot het na een paar minuten een neus was zoals je nog nooit gezien hebt.

De arme Gepetto sneed hem af, maar hoe meer hij eraf sneed, hoe langer de neus werd.

Na de neus maakte hij de mond.

Voordat de mond klaar was, begon hij al te lachen.

„Houd op met dat lachen!" zei Gepetto boos, maar hij had het even goed tegen de muur kunnen zeggen.

„Houd op met dat lachen, zeg ik!" schreeuwde hij dreigend.

Toen lachte de mond niet meer, maar stak zo ver mogelijk zijn tong uit.

Na de mond maakte Gepetto de kin, de hals, de schouders, het lijf, de armen en de benen.

Zodra de handen klaar waren, voelde Gepetto dat zijn pruik[1] van zijn hoofd genomen werd. Hij keek op, en wat zag hij? Hij zag dat de marionet zijn pruik had.

„Pinokkio, geef mij onmiddellijk mijn pruik terug!"

Maar Pinokkio, in plaats van de pruik terug te geven, zette hem op zijn eigen hoofd.

Door al die brutaliteit werd Gepetto zo bedroefd als hij nog nooit in zijn leven geweest was. En terwijl hij zich naar Pinokkio wendde, zei hij:

„Deugniet! Je bent nog niet eens klaar, en nu heb je al geen eerbied voor je vader. Dat is lelijk, jongen, heel lelijk!" En hij veegde een traan weg.

Nu moest hij de benen en voeten nog maken.

Toen de voeten klaar waren, kreeg Gepetto een harde schop tegen zijn neus.

„Dat verdien ik," zei hij bij zichzelf. „Daar had ik eerder aan moeten denken. Nu is het te laat." Hij nam de marionet onder de armen en zette hem op de grond om hem te laten lopen.

1. wig

Eerst waren Pinokkio's benen erg stijf, zodat hij zich niet kon bewegen. Maar Gepetto hield zijn hand vast om hem te leren de ene voet na de andere te zetten.

Toen de benen lenig[1] waren geworden, begon Pinokkio alleen door de kamer te lopen. Hij liep naar de deur, sprong naar buiten en rende weg.

De arme Gepetto holde hem achterna, maar hij kon hem niet inhalen, omdat Pinokkio sprongen maakte als een haas. Zijn houten voeten op de straatstenen maakten een lawaai als van twintig paar klompen.

„Houd hem! Houd hem!" riep Gepetto, maar de mensen op straat, die de marionet als een renpaard zagen voorthollen, bleven verbaasd naar hem staan kijken, en lachten en lachten, zo hard als ze konden.

Maar aan het eind van de straat stond een politieagent, en die greep Pinokkio bij zijn grote neus, en gaf hem terug aan Gepetto. Deze wilde hem een les geven en hem hard aan zijn oren trekken. Maar toen hij die oren zocht, kon hij ze niet vinden, omdat hij vergeten had ze te maken.

naar C. Collodi

233
KLEIN DUIMPJE

ER was eens een houthakker. Hij had een vrouw, die ook hout hakte, en zeven kinderen, allemaal jongens. De oudste was tien jaar en de jongste zeven.

Ze waren heel arm, en de zeven kinderen waren nog te jong om te werken. Daarom was er dikwijls niet genoeg brood. De jongste was heel klein, en hij zei nooit iets. Zijn ouders dachten dat hij dom was, maar dat was hij niet. Toen hij geboren werd, was hij niet groter dan een duim. Daarom werd hij Klein Duimpje genoemd. Hij was slimmer dan zijn broers. Hij praatte niet, maar hij luisterde veel.

Eens kwam er een heel slecht jaar. De honger werd zo groot, dat de houthakker en zijn vrouw besloten om de kinderen weg te zenden. Toen de kinderen naar bed waren, zei de houthakker, die bij het vuur zat, tegen zijn vrouw:

1. supple

„Je ziet zelf dat we de kinderen geen eten meer kunnen geven. Moeten we ze voor onze ogen zien sterven van honger ? Dat kan ik niet. Ik zal ze morgen meenemen naar het bos. Terwijl zij bezig zijn takkenbossen te binden, gaan wij weg zonder dat ze ons zien."

„Dat is vreselijk!" riep zijn vrouw. „Wil jij je kinderen zo in het bos achterlaten ?"

„Wil jij ze dan hier voor je ogen zien sterven ?"

Zo praatten ze lange tijd. Tenslotte gaf de vrouw toe. Huilend ging ze naar bed.

Klein Duimpje had alles gehoord. Toen hij zijn ouders zo luid hoorde praten, was hij opgestaan. Hij was onder de stoel van zijn vader gekropen, zodat hij alles kon horen zonder te worden gezien. Hij ging weer naar bed maar kon niet slapen. Hij dacht erover wat hij moest doen.

Vroeg in de morgen stond hij op. Hij liep naar de oever van de beek en vulde zijn zakken met witte steentjes. Toen ging hij weer naar huis.

Kort daarna gingen de vader en de moeder met hun zeven kinderen naar het bos. Het was een heel dicht bos, waar men elkaar op een afstand van tien passen niet meer zien kon.

De houthakker begon bomen om te hakken, en de kinderen zochten takjes om takkenbossen te maken. Toen de ouders zagen dat de kinderen zo druk bezig waren, gingen ze ongemerkt weg. Langs een smal paadje liepen ze haastig naar huis. Plotseling zagen de kinderen dat ze alleen waren. Ze begonnen te huilen. Maar Klein Duimpje huilde niet. Hij was slim geweest. Toen ze het bos in liepen, had hij telkens een van de witte steentjes laten vallen. Daarom zei hij:

„Wees maar niet bang. Vader en moeder hebben ons hier achtergelaten, maar ik zal jullie naar huis brengen. Loop maar achter mij aan."

Ze liepen achter hem aan, en hij bracht ze naar huis langs de weg met al de witte steentjes. Eerst durfden ze niet naar binnen te gaan, en ze gingen tegen de deur aan zitten om te horen wat hun vader en moeder zeiden.

Juist op het ogenblik dat de houthakker en zijn vrouw thuiskwamen ontvingen ze tien gulden van de heer van het dorp. Nu hadden ze weer geld om eten te kopen. De vrouw van de houthakker ging

140

onmiddellijk naar de slager. En omdat ze zo'n honger hadden, kocht ze driemaal zo veel vlees als er voor een maaltijd van twee mensen nodig was.

Toen ze zo veel gegeten hadden dat ze niet meer konden, zei de vrouw:

„Waar zouden die arme kinderen nu zijn? Wat zouden ze dit vlees lekker vinden! Waarom heb je ze naar dat bos gebracht, Willem? Ik heb wel gezegd, dat we er spijt van zouden hebben. Wat zouden ze nu doen in het bos? Misschien hebben de wolven ze al opgegeten. Het is onmenselijk wat je gedaan hebt!"

Tenslotte werd de houthakker boos, want ze zei meer dan twintig keer hetzelfde. Hij zei dat hij haar slaan zou als ze haar mond niet hield. De vrouw huilde aldoor:

„O, waar zijn mijn kinderen nu, waar zijn mijn arme kindertjes?"

Ze huilde zo luid dat de kinderen het buiten konden horen. Toen begonnen ze allemaal tegelijk te roepen:

„Hier zijn we, hier zijn we!"

De vrouw rende naar de deur en gooide die open. Ze omhelsde[1] de kinderen om de beurt, en zei:

„O, wat heerlijk dat jullie er weer zijn, mijn lieve kinderen. Jullie zullen wel moe zijn en honger hebben. Piet, wat heb jij je vuil gemaakt! Kom hier, dan zal ik je eens wassen!"

Die Piet was haar oudste zoon. Ze hield meer van hem dan van de anderen. Misschien omdat hij rood haar had, want ze had zelf rood haar.

Ze gingen aan tafel zitten en aten het vlees dat er over was. Ze vertelden hoe bang ze geweest waren in het bos, en ze praatten allemaal tegelijk.

De ouders waren dus erg blij dat ze hun kinderen weer bij zich hadden. En ze bleven blij zolang ze geld hadden.

Maar na een poosje was het geld weer op. Wat nu? De ouders besloten weer om hun kinderen weg te doen. En deze keer zouden ze ze veel verder weg brengen. Laat in de avond praatten ze erover, maar Klein Duimpje hoorde het weer. De volgende morgen stond hij vroeg op om steentjes te gaan zoeken. Maar de deur was op slot en hij kon niet naar buiten. Hij wist niet wat hij moest doen. Maar toen

1. to embrace

hij van zijn moeder een stuk brood kreeg voor zijn ontbijt, dacht hij dat hij dat brood kon gebruiken in plaats van de steentjes. Als ze het bos inliepen zou hij broodkruimels kunnen laten vallen. Daarom at hij het brood niet op, maar stopte het in zijn zak.

De vader en de moeder brachten hen naar het donkerste plekje van het bos. Daar lieten ze hen achter. Klein Duimpje was niet bang, want hij dacht dat hij de weg weer gemakkelijk zou kunnen vinden. Onderweg had hij aldoor broodkruimels laten vallen. Maar hij was erg verbaasd toen hij geen enkele broodkruimel kon terugvinden. De vogels hadden ze allemaal opgegeten.

Wat waren de kinderen nu bang! Hoe verder ze liepen, hoe meer ze in het bos verdwaalden. Het werd nacht en het begon te stormen. Ze dachten dat ze wolven hoorden. Ze durfden niet met elkaar te praten en ze durfden niet om te kijken. Het begon hard te regenen en ze werden doornat.

Klein Duimpje klom in een hoge boom om te zien of er ergens een huis was. In de verte zag hij een lichtje. Hij kwam weer naar beneden, maar toen hij op de grond stond, zag hij niets meer. Hij was wanhopig. Ze besloten toch maar door te lopen.

Eindelijk kwamen ze bij een huis waar licht brandde. Ze klopten aan de deur en een vrouw deed de deur open. Ze vroeg wat ze wilden. Klein Duimpje zei dat ze arme kinderen waren, die in het bos waren verdwaald. Hij vroeg of ze misschien in haar huis mochten slapen.

Toen de vrouw zag dat het zulke lieve kinderen waren, begon ze te huilen, en zei:

,,Och arme kindertjes. Waarom zijn jullie hier gekomen? Weten jullie niet dat dit het huis van een menseneter is, die kleine kindertjes opeet?''

,,Wat moeten we nu beginnen, mevrouw?'' vroeg Klein Duimpje, die evenals zijn broertjes beefde toen hij hoorde wat de vrouw zei. ,,Als we vannacht niet bij u kunnen blijven, zullen de wolven in het bos ons zeker opeten. Dan hebben we nog liever dat meneer ons opeet. Misschien heeft hij wel medelijden met ons als u erom vraagt.''

De vrouw van de menseneter liet ze binnen komen. Ze hoopte dat ze hen tot de volgende morgen voor haar man zou kunnen verbergen. Ze maakte een groot vuur waarbij de kinderen zich konden warmen en hun kleren drogen.

Plotseling hoorden ze drie of vier luide slagen tegen de deur. Dat was de menseneter die thuiskwam. De vrouw verborg de kinderen onder het bed. Zodra de menseneter binnen was, zei hij:

„Ik ruik mensenvlees!"

„Dat is het kalf dat ik aan het braden ben," zei zijn vrouw. „Dat ruik je."

„Ik ruik mensenvlees, zeg ik je voor de tweede keer," zei de menseneter, „waar is het?"

Toen liep hij naar het bed toe, en keek eronder.

„Ha, je wilt mij bedriegen, lelijk wijf!" zei hij. „Als je me nog eens bedriegt, eet ik jou ook op. Tjonge, dat is een lekker maal voor mijn vrienden die me morgen komen opzoeken."

Hij trok de zeven kinderen onder het bed vandaan, de een na de ander. De arme kinderen vielen op hun knieën, en smeekten om genade. Maar de menseneter lachte wreed. Hij haalde een groot mes en sleep[1] het op een grote steen die hij in zijn linkerhand hield. Toen het mes scherp was, greep hij een van de kinderen. Maar zijn vrouw riep:

„Wat ga je nu doen? Het is al zo laat. Waarom doe je het morgen niet? En je hebt nog zoveel vlees: een kalf, twee schapen en een half varken."

„Goed, ik zal het morgen doen," zei de menseneter. „Geef ze goed te eten, zodat ze niet mager worden, en breng ze naar bed."

De goede vrouw was erg blij, en maakte lekker eten voor ze klaar. Maar ze konden niet eten, want ze waren doodsbang.

De menseneter ging wijn drinken, blij dat hij morgen zo'n lekker maal zou hebben. Hij dronk tien glazen meer dan gewoonlijk, en daardoor werd hij een beetje zwaar in het hoofd, zodat hij naar bed moest gaan.

De menseneter had zeven dochtertjes. Die kleine mensenetertjes hadden allemaal een mooie, blanke huid, omdat ze rauw vlees aten, net als hun vader. Ze hadden grijze, ronde oogjes, kromme neusjes en een heel grote mond met lange scherpe tanden die ver van elkaar stonden. Ze lagen alle zeven in een groot bed. Ze hadden allemaal een gouden kroontje op hun hoofd. In dezelfde kamer stond een ander bed, dat even groot was. In dat bed legde de vrouw van de menseneter de zeven jongetjes. Daarna ging ze naar haar eigen slaapkamer.

1. to sharpen

Klein Duimpje had gezien dat de dochtertjes van de menseneter gouden kroontjes op hun hoofd hadden. Hij was bang dat de menseneter gedurende de nacht honger zou krijgen en hem en zijn broertjes doden. Daarom nam hij de mutsjes van zijn broers en van zichzelf, liep zachtjes naar het bed van de meisjes, nam hun kroontjes weg en gaf hun de jongensmutsjes, ging toen weer naar zijn eigen bed en zette zijn broers de kroontjes op. Als de menseneter nu kwam, zou hij zich misschien vergissen.

Het gebeurde net zoals hij gedacht had. Tegen middernacht werd de menseneter wakker. Hij had geweldige honger en besloot een van de jongens te halen. Hij sprong uit bed en nam zijn grote mes. Hij liep naar het bed waar de broertjes lagen. Die sliepen allemaal, behalve Klein Duimpje, die erg bang werd toen hij de hand van de menseneter op zijn hoofd voelde. De menseneter voelde de gouden kroontjes, en zei:

„Gut, nu had ik bijna mijn eigen kinderen gedood. Ik heb gisteravond werkelijk wat te veel gedronken."

Toen ging hij naar het bed van de meisjes. Hij voelde de jongensmutsjes, en zei:

„Ha, hier zijn ze."

Terwijl hij dat zei, sneed hij, zonder nog even te wachten, zijn dochtertjes het hoofd af. Heel tevreden ging hij terug naar zijn slaapkamer.

Zodra de menseneter weg was, maakte Klein Duimpje zijn broers wakker. Hij zei dat ze zich gauw moesten aankleden en met hem meegaan.

Ze gingen zachtjes de trap af, de tuin in, en klommen over de muur. De hele nacht renden ze door, bevend, en zonder te weten waar ze heen gingen.

De volgende morgen was de menseneter heel verbaasd toen hij zag dat hij al zijn dochters vermoord had. Hij haalde zijn zevenmijlslaarzen, trok ze aan en ging Klein Duimpje en zijn broers achterna. Die waren nog maar honderd passen van het huis van hun vader, toen ze de menseneter van berg tot berg zagen springen. Hij stapte even gemakkelijk over grote rivieren als over het kleinste beekje. Klein Duimpje zag een holle rots dicht bij de plaats waar ze waren. Met zijn broers verschool hij zich daarin. De menseneter was erg moe, omdat hij zo ver gelopen had, en hij wilde uitrusten.

144

Toevallig ging hij op de rots zitten, waarin de jongetjes zich verscholen hadden. Hij strekte zich uit en viel in slaap. Klein Duimpje zei tegen zijn broers dat ze gauw naar huis moesten hollen, terwijl de menseneter nog sliep. Ze gingen weg. Klein Duimpje ging naar de menseneter toe en trok hem voorzichtig zijn laarzen uit. Hij deed ze zelf aan. Die laarzen waren heel groot en heel wijd. Maar toen Klein Duimpje ze aantrok, pasten ze hem alsof ze voor hem gemaakt waren.

Hij ging regelrecht naar het huis van de menseneter. De vrouw zat bij haar vermoorde dochtertjes te huilen. Klein Duimpje zei:

„Uw man is in groot gevaar. Een bende rovers heeft hem gevangen. Ze zullen hem doden als hij niet al zijn goud en zijn geld geeft. Hij heeft mij gevraagd u dat te zeggen. U moet al zijn geld aan mij geven, en niets achterhouden, want anders zullen ze hem zeker doden. Omdat er veel haast bij is, zei hij dat ik zijn zevenmijlslaarzen aan moest doen. Zo kon ik hard lopen, en zo kunt u zien dat ik niet lieg.''

De goede vrouw schrok erg en gaf hem alles wat ze had. Beladen met al het geld en het goud van de menseneter ging Klein Duimpje naar het huis van zijn vader, waar hij met grote blijdschap werd ontvangen.

Zo ziet men: het kind dat zwak en dom lijkt, en in het begin het meest geminacht wordt, maakt soms het fortuin voor de hele familie.

naar Ch. Perrault

234
DE BEER, DE WOLF, DE VOS EN DE HAAS
OP DE JAARMARKT

DE beer, de wolf, de vos en de haas zaten op zekere dag vrolijk met elkaar te praten in het groene bos.

„Er is jaarmarkt in de stad,'' zei de vos, „zullen we er heen gaan? Het zal daar erg leuk zijn.''

De beer antwoordde: „Ik ben oud en zwak, maar als de wolf meegaat en ons wil beschermen, ga ik ook. Maar we moeten erg voorzichtig zijn, want de mens zal daar ook zijn, en die is niet te vertrouwen. Hij zal zeker proberen ons kwaad te doen.''

„Wat! Ik ben niet bang voor de mens,'' riep de wolf trots, „ik ga mee en er zal niets gebeuren.''

„Ik ga ook mee, ik ook!'' riep de haas opgewekt.

145

„Houd je mond, kereltje," zei de vos, „jij bent veel te dom. Jij zou van de jaarmarkt niets begrijpen en alleen maar domme dingen doen. Jij zou ons zeker in moeilijkheden brengen."

Maar de haas keek smekend naar de wolf, en de wolf zei: „Goed, het haasje gaat ook mee."

„Hoe zullen we het doen?" vroeg de beer. „Jullie weten toch dat je op een jaarmarkt altijd een voorstelling[1] moet geven: dansen of muziek maken."

„O, dat is gemakkelijk genoeg," zei de wolf. „We zullen doen alsof we studenten zijn en liederen zingen. Jij zingt de bas, de vos de alt, en de haas is de sopraan. Ik ben de dirigent."

Toen ze alles besproken hadden, wasten en kamden ze zich, want ze wilden netjes op de jaarmarkt aankomen. Daarna vertrokken ze naar de stad. Het leek hun niet verstandig om overdag de stad binnen te gaan, en daarom wachtten ze tot het schemer was. Toen liepen ze heel voorzichtig en op hun tenen door de eerste straten van de stad. Ze liepen als ganzen achter elkaar aan: voorop de wolf, daarna volgde de beer, dan de vos en tenslotte de haas. Ze kwamen voorbij een herberg waar de waard juist een paar varkens geslacht had.

„Hier gaan we in," zei de wolf, „om onze maag eens goed te vullen. Hier kennen ze ons niet. "

De vos was een beetje bang. Het leek hem een gevaarlijke onderneming[2].

„Laten we verstandig zijn en doorlopen," zei hij.

Maar de wolf rook de heerlijke geur van het vlees en de worst. Hij had ontzettende honger en wilde niet naar de vos luisteren. Zonder te aarzelen opende hij de deur van de herberg.

„Kom binnen en wees welkom," zei de waard. Toen gingen ze met zijn vieren naar binnen, en gingen aan de tafel zitten.

„Breng ons verse worst en wijn," riep de wolf. „En veel! We hebben de hele dag gelopen en nog niets gegeten."

De waard bracht hun een paar dikke worsten en voor elk een groot glas wijn. Toen ze het allemaal opgegeten hadden, wilden ze nog meer. En weer bracht de waard hun worst en wijn.

Eindelijk waren ze verzadigd. Toen kwam de waard met de rekening, en zei:

1. performance   2. undertaking, venture.

146

„Betalen!"

Nu zaten ze in moeilijkheden, want ze hadden geen cent. De wolf had moed genoeg om te zeggen:

„Wij zijn arme studenten. Morgen gaan we liedjes zingen op de jaarmarkt. Daarmee verdienen we genoeg om u te betalen. Heb dus geduld tot morgen."

„Uitstekend," zei de waard, „maar dan zal ik uw mantels tot morgen hier bewaren."

De waard was een slimme kerel, en toen zijn vier gasten binnenkwamen had hij meteen begrepen dat ze geen geld hadden. Terwijl ze zaten te eten had hij de pelsmaker[1] gevraagd naar zijn herberg te komen.

„Mijn vriend hier, de pelsmaker, zal u helpen om uw mantels uit te trekken."

Toen de vier de naam van de pelsmaker hoorden, schrokken ze geweldig. Ze sprongen op en renden naar de deur, maar die was goed gesloten. De pelsmaker en de waard probeerden hen te vangen en te binden. De beer bromde, de wolf huilde, de vos kefte. Alleen de haas was van schrik stom geworden en tot op heden heeft hij zijn stem niet teruggekregen.

De haas werd het eerst gevangen. Dat was gemakkelijk, want hij was zo bang dat hij zich niet kon bewegen. Toen ze hem gevangen hadden, bonden ze hem met zijn staart aan de muur. Daarna vingen ze de beer. Dat was ook niet zo moeilijk, want hij was oud en niet erg vlug meer. Ze bonden hem ook met zijn staart aan de muur. De wolf en de vos, die dit allemaal zagen gebeuren, sprongen wild heen en weer, van het raam naar de deur, en terug. Tenslotte sprong de wolf zo hard hij kon tegen de luiken[2] van het raam. Ze vlogen open en de wolf viel door het raam naar buiten. Hij brak een been in zijn val, en rende huilend van pijn weg. Toen de vos zag dat het raam open was, sprong hij onmiddellijk de wolf achterna. De vrouw van de waard stond dicht bij het raam. Ze was juist aan het bakken, en ze gooide een lepel met meel naar de vos. Ze raakte alleen het puntje van zijn staart. En dat is tot vandaag toe wit gebleven.

Toen de beer zag dat de wolf en de vos ontsnapt waren, kreeg hij ook weer moed, en hij begon te trekken en te rukken zo hard

1. furrier 2. shutters

hij kon. Plotseling was hij los, maar zijn mooie staart bleef aan de muur hangen. De haas volgde het voorbeeld van de beer, rukte zich los, verloor zijn staart, sprong het raam uit en rende naar het bos waar hij veilig was.

De haas en de beer hebben nooit hun staart terug durven halen, en daarom lopen ze allebei nog steeds met een heel klein staartje.

naar A. de Cock

235
TIJL UILENSPIEGEL

TIJL UILENSPIEGEL werd in 1527 in Damme, in Vlaanderen, ge-boren. Zijn leven begon op een eigenaardige manier, want hij werd zes keer gedoopt.

Toen zijn vader en moeder hem naar de kerk droegen, begon het plotseling heel hard te regenen, en dat was Tijls eerste doop. Ze gingen de kerk binnen en wachtten op de priester. Maar in het dak van de kerk, vlak boven hun hoofd, was een groot gat, dat de timmer-man gemaakt had om een nieuwe lamp te kunnen ophangen. De tim-merman keek door het gat, zag de vader en moeder van Tijl en hun vrienden en kennissen daar staan, en goot een emmer water door het gat naar beneden, zodat ze allemaal drijfnat werden. Dat was de tweede keer dat Tijl gedoopt werd. Tijls vader klaagde hierover tegen de priester, maar die zei dat hij haast had en dat het een onge-lukje was. De priester gaf Tijl zout en water, en noemde hem Tijl-bert. Nu was hij voor de derde keer gedoopt. Ze gingen allemaal de kerk uit, liepen de Langstraat door, en gingen ,,De Rozenkrans van Flessen" binnen. Daar dronken ze zeventien flessen bier, en waar-schijnlijk nog meer. Want Vlaanderen is een dorstig land, en wanneer men nat is geworden, droogt men zich het best door een vuur van bier in de maag te ontsteken. Tijl werd niet vergeten, en op deze manier werd hij voor de vierde keer gedoopt. Daarna wankelden ze naar huis, het hoofd zwaarder dan het lichaam. Ze kwamen bij een houten bruggetje dat over een sloot lag. De vroedvrouw Katelijne, die Tijl droeg, stapte mis en viel met Tijl in de modder, zodat hij nu vijf keer gedoopt was. Ze haalden Tijl uit de sloot, wasten hem goed met warm water, en dat was zijn zesde doop.

Ondanks dit alles groeide Tijl als een jonge populier. Zijn vader,

Klaas, was van mening dat een strenge opvoeding hem goed zou doen. Als Tijl huilend thuis kwam, omdat de jongens hem geslagen hadden, gaf Klaas hem nog een pak slaag. Zo leerde Tijl goed vechten en na een paar jaar was hij zo sterk en moedig als een jonge leeuw.

DE maanden mei en juni waren warm. Nooit hadden de bomen in Vlaanderen zo gebloeid, nooit had men zulke rozen en zulke jasmijn in de tuinen gezien. De bijen werkten hard om alle honing uit de bloemen te zuigen, was te maken en eieren te leggen. Nooit had men in Vlaanderen zoveel bijen gezien. Iedereen kocht bijenkorven, en de bijenkorfmakers konden er niet genoeg maken. Klaas had zelf ook bijenkorven gemaakt. Sommige waren vol bijen, andere waren nog leeg. Klaas bewaakte ze 's nachts, omdat hij bang was dat ze zouden worden gestolen. En als hij moe was, vroeg hij Tijl om de wacht te houden.

Op een nacht was Tijl in een van de lege bijenkorven gaan zitten: buiten was het hem te koud. Hij was moe, en sliep bijna. Toen hoorde hij stemmen. Het waren twee mannen die met elkaar praatten. Tijl keek door een gat in de korf naar buiten, en zag dat de mannen allebei lang haar en een lange baard hadden. Ze liepen van korf tot korf, en kwamen tenslotte bij de korf waar Tijl in zat. Ze tilden hem op, en zeiden:

,,Laten we deze nemen; dit is de zwaarste.''

Tijl vond het helemaal niet leuk om zo in een bijenkorf weggedragen te worden. De twee dieven liepen voort zonder een woord te zeggen. Om de vijftig meter hielden ze even stil om adem te scheppen, en dan liepen ze weer snel door. Tijl, die niets anders te doen had, stak zijn hand door het gat naar buiten en trok aan het lange haar van de dief die voorop ging, en toen aan de baard van de dief die achteraan liep. De eerste dief zei kwaad tegen de tweede:

,,Blijf van mijn haar af, of ik zal je zo'n klap op je hoofd geven dat het naar binnen schiet en je door je ribben naar buiten kunt kijken als een dief door de tralies!''

,,Ik zou je niet aan je haar durven trekken, mijn vriend,'' zei de andere dief, ,,maar waarom blijf je niet van mijn baard af?''

Op hetzelfde ogenblik trok Tijl weer aan hun haar en hun baard. Toen werden de dieven geweldig boos. Ze zetten de korf neer en begonnen te vechten. Zodra Tijl dat hoorde, kroop hij uit de korf,

149

sleepte hem naar een bos waar hij hem weer zou kunnen vinden, en ging naar huis.

In een ruzie is het altijd de slimme die wint.

AAN de rand van het dorp waar Tijl woonde, stonden twee mooie, dikke wilgebomen. Ze stonden naast elkaar, aan de kant van een diepe sloot. Elke zondagavond spande Tijl een stevig touw tussen die twee bomen, en danste daarop. De jongens uit de buurt kwamen dan altijd kijken, want Tijl was werkelijk een uitstekende koorddanser. Als hij gedanst had, ging hij met zijn pet rond, en de meeste jongens gaven hem wat geld. Het geld dat hij kreeg, gaf hij aan zijn moeder, die heel arm was.

Op een zondagavond stapte Tijl weer op het touw om te gaan dansen. Maar een van de jongens was jaloers op hem, en had het touw half doorgesneden, en toen Tijl een paar stappen gedaan had, brak het. Tijl viel midden in de sloot. Terwijl hij naar de kant zwom, schreeuwden de jongens:

„Wat ben je nu aan het doen, Tijl ? Ga je de vissen leren dansen ?"

Tijl klom uit de sloot en schudde het water uit zijn kleren. De jongens liepen hard weg, want ze waren bang voor hem. Maar Tijl riep:

„Wees niet bang. Kom volgende week zondag terug, dan zal ik jullie wat laten zien, en jullie krijgen allemaal een deel van de opbrengst[1]!"

De volgende zondag lieten de jongens het touw met rust en ze zorgden ervoor dat niemand het kon beschadigen. De straat was vol mensen, die allemaal wilden zien wat Tijl ging doen. Voordat hij op het touw klom, zei hij:

„Jullie moeten mij elk een schoen geven. Het doet er niet toe hoe groot of klein ze zijn, ik zal met al die schoenen dansen."

„Wat betaal je als je het verliest ?" vroegen de jongens.

„Honderd pinten bruin bier," antwoordde Tijl. „En als ik win, betalen jullie mij drie florijnen."

„Goed", zeiden ze, en ieder trok een schoen uit en gaf die aan Tijl. Tijl deed alle schoenen in een grote zak, klom ermee in de boom, en begon zo op het touw te dansen.

1. proceeds

De jongens riepen van beneden:

„Je zei dat je met elk van onze schoenen zou dansen. Trek ze aan en houd je aan de weddenschap."

„Ik heb niet gezegd dat ik jullie schoenen aan zou trekken, maar dat ik ermee zou dansen. Ik dans, en alle schoenen dansen met mij mee. Kunnen jullie dat niet zien met jullie kikvorsogen? Geef mij mijn drie florijnen!"

Maar de jongens schreeuwden dat zij hun schoenen terug wilden hebben. Toen gooide Tijl ze naar beneden, op een grote hoop. De jongens renden er naar toe en begonnen te vechten, want niemand kon de schoen vinden die van hem was. Tijl kwam rustig naar beneden en lachte ze uit.

Tijl Uilenspiegel bleef niet altijd in Damme wonen. Het was de tijd van de grote oorlog tussen Spanje en Nederland, en Tijl die de Spanjaarden haatte, moest vaak uit het land vluchten. Soms was hij maanden lang uit zijn dorp weg en maakte lange zwerftochten door andere landen.

Zo kwam hij op zekere dag in de stad Neurenberg. Hij had helemaal geen geld meer en moest proberen zo gauw mogelijk iets te verdienen. Nu had hij gehoord dat er in Neurenberg erg veel zieken waren. Het ziekenhuis was vol, en de dokters wisten niet wat ze met al hun patiënten moesten doen. Tijl maakte bekend dat hij de beroemde dokter uit Vlaanderen was, de wonderdokter, die alle ziekten kon genezen. De dokters in Neurenberg kwamen naar hem toe, en vroegen of het werkelijk waar was, dat hij alle ziekten kon genezen.

„Jazeker," antwoordde Tijl. „Als jullie mij twee honderd florijnen beloven, zal ik zorgen dat morgen het hele ziekenhuis leeg is. En ik zal het geld niet aannemen, voordat al jullie patiënten zelf zeggen dat ze genezen zijn."

De volgende morgen ging Tijl naar het ziekenhuis. Hij liep langzaam en keek heel ernstig. Hij ging bij het bed van de eerste patiënt zitten, boog zich over hem heen, en fluisterde in zijn oor:

„Ik kan jullie allemaal genezen, op één na. Eén van jullie moet ik verbranden, en van zijn as zal ik een drankje maken dat alle anderen zal genezen. Morgenochtend kom ik terug, en dan roep ik: ‚Iedereen die niet ziek is, moet het ziekenhuis verlaten.' Wie dan niet kan lopen moet sterven."

Tijl stond op, ging naar de tweede patiënt, en vertelde hem hetzelfde. En zo deed hij met alle patiënten.

Vroeg in de morgen ging Tijl weer naar het ziekenhuis. Hij ging bij de ingang staan, en riep:

,,Iedereen die niet ziek is, moet nu het ziekenhuis verlaten!''

En toen stonden alle zieken op. Ze kwamen allemaal uit hun bed, ook zij die al tien jaar, of meer, in bed hadden gelegen. Niemand durfde achterblijven.

De dokters vroegen of ze genezen waren, en of ze konden lopen.

,,Ja,'' antwoordden ze allemaal, omdat niemand verbrand wilde worden.

Toen zei Tijl tegen de dokters:

,,Ze zijn allemaal uit bed en zeggen dat ze genezen zijn: betaal mij nu mijn twee honderd florijnen.''

De dokters betaalden hem, en Tijl verliet de stad.

Maar de volgende dag zagen de dokters hun patiënten terugkomen, veel zieker dan ze geweest waren. Slechts één kwam niet terug. Hij was door de frisse lucht genezen, en liep, na tien glazen bier, door de straten te zingen: ,,Lang leve de grote dokter Uilenspiegel.''

Op een van zijn reizen vond Tijl een ezel, die waarschijnlijk verdwaald was. Het dier had honger en stond rustig van de distels te eten, die langs de weg groeiden.

,,Dat is een mooie ezel,'' zei Tijl bij zichzelf. ,,Ik kan erop rijden, en later kan ik hem verkopen.''

Hij ging op de rug van de ezel zitten, maar die wilde geen stap doen. Hij bleef kalm staan, en scheen vastbesloten om de laatste distel langs de weg op te eten.

Tijl sprong op de grond en plukte een handvol distels. Toen klom hij weer op de ezel, hield de distels onder zijn neus en leidde hem zo het land van de graaf van Hessen binnen.

,,Heer Ezel,'' zei Tijl, ,,je loopt achter mijn distels aan, en je laat een weg achter je, die vol staat met die heerlijke planten. Zo doen de mensen ook. Ze lopen achter de distels van de Roem¹ aan, die de Fortuin onder hun neus houdt, of ze volgen de distels van de Winst, of die van de Liefde. Aan het eind van de weg bemerken ze, zoals jij,

1. fame

152

dat ze het beste achtergelaten hebben: gezondheid, werk, of rust."

Terwijl hij zo met zijn ezel praatte, kwam Tijl bij het paleis van de graaf. Twee soldaten hielden daar de wacht.

„Wat wil je," vroeg een van de soldaten, „pelgrim met je uitgehongerde gezicht?"

„Ik ben uitgehongerd, zoals je zegt," antwoordde Tijl, „en pelgrim tegen wil en dank."

„Waar kom je vandaan?" vroeg de soldaat weer.

„Uit Vlaanderen," antwoordde Tijl.

„En wat wil je?"

„Zijne Hoogheid de Graaf een van mijn schilderijen laten zien."

„Als je werkelijk een schilder bent en uit Vlaanderen komt," zei de soldaat, „kom dan maar binnen, en ik zal je naar mijn heer brengen."

Toen ze bij de graaf kwamen, groette Tijl hem drie keer. Hij liet de graaf een schilderij zien en vroeg beleefd of hij hem zou mogen schilderen. De graaf vond het schilderij heel mooi, en benoemde Tijl meteen tot schilder van het hof.

De volgende dag vroeg Tijl aan de graaf, welke mensen hij zou moeten schilderen. Hij wilde ze graag zien en kennis met ze maken, voordat hij aan de portretten begon.

Eerst kwam de hertog van Lunenburg, de commandant van de infanterie, een geweldig dikke man. Hij liep naar Tijl toe, en zei:

„Als je mij schildert, moet je de helft van mijn vet weglaten. Als je dat niet doet, laat ik je door mijn soldaten ophangen."

En de hertog keerde zich om en liep de kamer uit.

Toen kwam er een edele dame, die maar één oog had.

„Mijnheer de schilder," zei ze, „als je mij niet twee ogen geeft in plaats van één, laat ik je vierendelen als een moordenaar."

Na deze woorden liep ze de kamer weer uit.

Toen kwam er een jonge vrouw, die drie boventanden miste.

„Als ik op het schilderij niet glimlach," zei ze, „en geen tweeëndertig tanden laat zien, laat ik je door mijn verloofde in stukken hakken."

En ze wees naar een kapitein van de musketiers, die er erg sterk uitzag, en ging de kamer uit.

Toen Tijl op deze manier met alle leden van het hof kennis gemaakt had, kwam de graaf naar hem toe.

„Als je deze gezichten niet allemaal precies zo schildert als ze zijn, verlies je je hoofd," zei hij tegen Tijl.

„Geen hoofd," dacht Tijl, „gevierendeeld, in stukken gehakt en opgehangen, het zou veel gemakkelijker en veiliger zijn om niets te schilderen. Ik moet er eens over denken."

„En waar is de kamer waar al deze schilderijen zullen hangen?" vroeg hij aan de graaf.

„Volg mij," zei de graaf.

Hij liet Tijl een grote zaal zien, met hoge, kale muren, en zei: „Dit is de kamer."

„Ik zou het prettig vinden," zei Tijl, „als men grote gordijnen voor de muren zou kunnen hangen, zodat mijn schilderijen niet door de vliegen en het stof beschadigd kunnen worden."

„Dat zullen we doen," zei de graaf.

Dertig dagen lang leidde Tijl daar een heerlijk leven. Hij kreeg het beste eten en dronk de oudste wijn die de graaf had. De graaf zorgde dat er steeds meer dan genoeg van alles was.

Op de eenendertigste dag kwam de graaf binnen, hoewel Tijl iedereen verboden had om binnen te komen.

„Wel, Tijl, waar zijn de schilderijen?"

„Nog niet helemaal klaar," antwoordde Tijl.

„Mogen we ze zien?"

„Nog niet."

Op de zesendertigste dag wilde de graaf weer binnenkomen.

„Wel, Tijl?" vroeg hij.

„Het eind is in zicht, Heer Graaf," zei Tijl.

Op de zestigste dag werd de graaf boos. Hij liep de kamer binnen, en zei:

„Nu wil ik onmiddellijk de schilderijen zien, klaar of niet klaar."

„Uitstekend," zei Tijl, „maar roep eerst alle heren, kapiteins, en dames van het hof, zodat iedereen mijn schilderijen kan zien."

„Goed," zei de graaf.

En alle leden van het hof kwamen naar de zaal.

Tijl Uilenspiegel stond voor de gesloten gordijnen.

„Heer Graaf," zei hij, „en Mevrouw de Gravin, en alle dames en kapiteins hier aanwezig, ik heb u allen zo goed mogelijk geschilderd. Ieder van u zal zichzelf gemakkelijk kunnen herkennen. Maar men moet edel en hooggeboren zijn om mijn schilderijen te kunnen zien.

154

Wie van lage geboorte is, ziet slechts een kale muur. En nu, wees
zo goed uw edele ogen te openen."

Tijl trok het gordijn weg.

Allen openden hun ogen wijd, en deden alsof ze de schilderijen
bewonderden. Ze wezen naar de muur, en zeiden dat het prachtig
was, en zo goed geschilderd.

Plotseling sprong de nar drie voet in de lucht, schudde zijn bellen
en riep:

,,Noem mij maar van lage geboorte, maar ik zal zeggen, en ik zal
schreeuwen, met trompetten en fanfares, dat ik een kale muur zie,
een witte muur, een lege muur!"

Tijl antwoordde:

,,Als de narren gaan spreken, is het voor verstandige mensen tijd
om te gaan."

En hij verliet het paleis, de leden van het hof in grote verbazing
en woede achterlatend.

Alleen de graaf lachte hartelijk.

naar Charles de Coster

236

DE DRIE BROERS VAN ANTWERPEN

Eens, lang geleden, waren er drie broers, die in Antwerpen woonden.
Ze waren scheepstimmerlieden en ze werkten op een van de werven
rond Antwerpen. Ze waren zo bekwaam dat ieder die een goed schip
wilde hebben, het bij hen bestelde.

In die tijd was er in het noorden een koning die oorlog moest
voeren. Zijn vijanden die op een eiland woonden hadden hem de
oorlog verklaard. Maar de koning had helemaal geen vloot, en hij
was dus genoodzaakt om in verschillende landen tegelijk oorlogs-
schepen te laten bouwen. Daar hij van de drie broers van Antwerpen
gehoord had, gaf hij hun opdracht een oorlogsschip voor hem te
bouwen. Maar het moest in drie dagen klaar zijn en dan onmiddellijk naar zijn land overgebracht worden.

De drie broers namen de opdracht aan. Maar nauwelijks waren
ze eraan begonnen of ze hadden er spijt van. Ze zagen dat het
lang niet zo gemakkelijk was als ze gedacht hadden, en drie dagen
bleek veel te weinig. En de avond van de eerste dag, toen ze na het

werk zaten te eten, zaten ze daar zuchtend naast elkaar aan tafel.
„Wat zijn we begonnen!" klaagden ze.

Maar zie, daar kwam een oud vrouwtje binnen. Ze vroeg of ze mee mocht eten, en dat werd haar toegestaan, want de drie broers hadden een goed hart. Toen ze klaar was met eten, zei het oude vrouwtje:

„Om u te belonen zal ik vannacht uw schip helemaal afbouwen. Morgenochtend zal het kant en klaar liggen, zodat u er onmiddellijk mee vertrekken kunt. U moet alleen beloven om niet te komen kijken hoe ik het doe, want anders zullen grote rampen over uw huis komen."

Dat beloofden de drie broers en ze hielden hun belofte. Maar ze konden het niet helpen dat ze de hele nacht wakker lagen door het oorverdovende lawaai dat van de werf kwam. Het leek wel of er meer dan honderd mannen aan het werk waren.

De volgende morgen lag het schip klaar voor de reis. De broers namen het op sleeptouw achter hun eigen schip, en vertrokken.

Toen ze een eind gevaren hadden, zagen ze op de oever van de rivier een reus, die bezig was een boom te breken alsof het een lucifer was. Ze vroegen hem waarom hij dat deed.

„Wel," zei de reus, „ik wil een wandelstok maken."

„Dat is een sterke kerel," zei een van de broers, en hij vroeg of de reus met hen mee wilde gaan.

„Jawel," zei de reus, en met z'n vieren voeren ze voort.

Een eind verder zagen ze op de oever van de rivier een man zitten, die een kanonskogel aan elke voet vastmaakte.

„Waarom doet u dat?" vroegen de broers.

„Anders loop ik veel te hard," zei de man, „ik loop dan zo snel, dat ik in enkele minuten het verste doel voorbij loop."

„Kom met ons mee," zeiden de broers.

Nu waren ze met z'n vijven, en ze voeren verder.

Toen ze weer een tijdlang gevaren hadden, zagen ze een man die met zijn oor tegen de grond lag.

„Wat doet u daar?" vroegen de broers.

„Ik wil horen waarover men op het ogenblik in Parijs spreekt."

„Kunt u dat horen?"

„Natuurlijk kan ik dat horen. Ik kan de doden afluisteren in hun graven en verneem dan ook wat zij van de levenden vertellen."

„Vaar dan met ons mee," zeiden de broers, en toen waren ze met z'n zessen.

Nu zagen ze een jager, die met een geweer naar de top van een kerktoren schoot. Na elk schot raapte hij iets op van de grond en stak het in zijn zak.

„Wat is dat allemaal?" vroegen de broers.

„Ik ben scherpschutter," zei de man. „Ik schiet op de muggen die om de toren vliegen. Ze zijn niet dood, alleen maar bedwelmd. Ze vallen naar beneden en ik steek ze in mijn zak. Ze zouden wel eens van pas kunnen komen."

De broers namen hem ook mee en nu waren ze met zijn zevenen. Ze voeren verder tot ze weer een man ontmoetten. Dit maal was het een dikke vent, die uit een grote pijp rookte, maar nooit enige rook uitblies. Ze vroegen hem hoe dat kwam.

„Ik rook de hele dag," vertelde de man, „maar in plaats van de rook uit te blazen, haal ik hem in. Mijn buik zit al vol rook. Ik bewaar het allemaal, omdat ik weet dat het me wel eens te pas zal komen."

„Kom maar met ons mee," zeiden de broers. De roker nam de uitnodiging aan, en dat betekende dat ze nu met z'n achten waren.

Ze voeren verder, en het duurde niet lang of ze zagen op de oever een man, die bij een groot vuur zat te bibberen van de kou. Ze voeren er heen en vroegen wat hij daar deed.

„Ik ben nu dertig jaar," zei de man, „en alle winters die ik heb doorgemaakt, heb ik in mijn zak gestoken. Ik heb nu dertig winters bij me. Ik bewaar ze allemaal tot ik ze eens nodig heb."

De drie broers vroegen hem of hij hen gezelschap wilde houden op hun tocht. Dat wilde de man met de winters wel, en met z'n negenen voeren ze verder.

Ze kwamen nu langs een hoge berg, en boven op de berg stond een man te blazen. De mannen van het schip liepen erheen, want ze wilden weten wat daar aan de hand was Boven gekomen vroegen ze:

„Waartoe dient al dat geblaas?"

„Ziet u dan niet dat ik al die windmolens daar beneden van wind moet voorzien? Er is geen echte wind vandaag, en als ik even ophoud met blazen, staan ze stil. Kijk maar."

En werkelijk, in een oogwenk hielden alle molens op met draaien.

157

„Die moet ook maar met ons mee," zeiden de drie broers. De blazer ging mee, en met z'n tienen voeren ze voort.

Voordat ze in het land van de koning van het noorden kwamen, zagen ze bij een groot meer een man met zijn mond in het water liggen. Hij was bezig het hele meer leeg te drinken.

De broers vroegen hem natuurlijk waarom hij dat deed.

„Ik heb altijd zo'n ontzettende dorst, dat ik kan drinken, wat ik wil: zeeën, meren, rivieren. In een wip is het allemaal leeg en nooit is mijn dorst gelest."

„Kom ook maar met ons mee," zeiden de broers. En de drinker kwam mee, en met z'n elven voeren ze verder.

Tenslotte kwamen de drie broers en hun acht helpers bij de koning die het schip had besteld. Deze koning was zeer rijk, maar ook zeer gierig. Hij vond plotseling de prijs van het schip te hoog, en wilde de broers niet geven wat hij beloofd had. De beloofde prijs was: zoveel goud als een van hen dragen kon.

Na lang praten zei de koning eindelijk:

„Goed, ik zal u het gevraagde goud geven, op voorwaarde dat een van u mijn hardloper overwint. Dat heeft niemand nog gekund. Als een van u dat kan, krijgt u zoveel goud als de sterkste onder u kan dragen."

De drie broers waren het daarmee eens.

„Dit is net een werkje voor u," zeiden ze tegen de man met de kanonskogels aan zijn voeten.

De hardloper van de koning en de man met de kanonskogels werden daarop naast elkaar gezet. Ze moesten een zekere afstand afleggen, omkeren, en weer op dezelfde plaats terugkomen.

Men telde één, twee, drie. Op het woord drie was de man met de kanonskogels reeds uit het gezicht verdwenen, terwijl de hardloper van de koning nog maar nauwelijks gestart was. Een poosje later zag men echter de hardloper van de koning komen aanrennen, terwijl de man van de broers nog niet te zien was.

„Waar is onze loper gebleven?" vroegen de broers zich af. „Er moet iets biezonders gebeurd zijn."

„Wacht even," zei de man met het scherpe gehoor, die kon horen wat men in Parijs en Londen zei, „ik zal gauw weten waar hij zit."

Hij ging met zijn oor tegen de grond liggen.

„Hij ligt achter het bos te slapen," zei hij.

„Dan zal ik hem eens wakker maken," zei de reus, en hij trok een grote eikeboom uit de grond en sloeg ermee op de bodem dat de aarde schudde en beefde.

De loper schrok wakker van het geweldige lawaai. Hij herinnerde zich wat hij te doen had, en hij begon te lopen, zo hard hij maar kon, zodat hij nog voor de hardloper van de koning op de bestemde plaats aankwam.

De koning was nu wel verplicht zijn belofte te vervullen. Hij beval een zak goud te brengen. De reus plaatste de zak op zijn hoofd.

„Ga maar door," zei hij.

De koning had gedacht dat hij niet meer dan één zak zou kunnen dragen. Er werden nog twee zakken gebracht. De reus legde ze op zijn schouders.

„Ga maar door," zei hij.

Er werden weer twee zakken gebracht, die de reus onder zijn arm nam.

„Ga maar door," zei hij weer.

De reus kreeg nu nog twee zakken goud, in elke hand één.

„Dat is genoeg," zei hij. Nu vertrokken de broers en de acht helpers naar hun schip.

Maar de koning ontplofte bijna van kwaadheid. Hij riep zijn generaal en beval hem met het leger de mannen te achtervolgen en hun het goud weer af te nemen. Bij de rivier werd het leger ingescheept, en al gauw haalden ze de drie broers en de acht mannen in.

„Wees niet bang," zeiden de broers tegen de helpers, „als iedereen zijn plicht doet, zal ons schip straks de rest wel doen."

De drinker ging aan het roer staan, en dronk al het water achter het schip op, zodat de schepen van de koning op de bodem van de rivier vielen. Maar de soldaten kropen uit de schepen en klommen tegen de oever op.

Toen ging de blazer aan het roer staan, en blies al de soldaten als veertjes naar beneden.

Daarna kwam de jager met zijn muggen. Hij opende al zijn zakken en liet zijn muggen los. Ze vielen op de soldaten aan, en beten hen overal. De soldaten waren als door de duivel bezeten, en vloekten vreselijk.

„Ik zal het hun nog wat aangenamer maken," zei de roker, en hij

159

blies zijn voorraad rook naar de soldaten, zodat deze niets meer konden zien door de dikke mist om hen heen.

„Dit is de gelegenheid waarvoor ik mijn dertig winters bewaard heb," zei de koudeman, die ook zijn zakken wijd opende.

Nu stuurden de broers hun schip recht naar huis, en zonder verdere vermeldenswaardige voorvallen kwamen ze te Antwerpen aan.

Vlaams Volksverhaal

237

DE KLEINE JOHANNES

I

IK zal u iets van de kleine Johannes vertellen. Het heeft veel van een sprookje, mijn verhaal, maar het is toch alles werkelijk zo gebeurd. Zodra gij het niet meer gelooft, moet ge niet verder lezen, want dan schrijf ik niet voor u. Ook moogt ge er de kleine Johannes nooit over spreken, als ge hem soms ontmoet, want dat zou hem verdriet doen en het zou mij spijten, u dit alles verteld te hebben.

Johannes woonde in een oud huis met een grote tuin. Het was moeilijk er de weg te vinden, want in het huis waren veel donkere portaaltjes, trappen, kamertjes en ruime rommelzolders, en in de tuin waren overal schuttingen en broeikassen. Het was een hele wereld voor Johannes. Hij kon er verre tochten in maken en hij gaf namen aan alles wat hij ontdekte. Voor het huis had hij namen uit het dierenrijk: de rupsenzolder, omdat hij er rupsen grootbracht; het kippenkamertje, omdat hij daar eens een kip gevonden had. Die was er niet vanzelf gekomen, maar daar door Johannes' moeder te broeden gezet. In de tuin koos hij namen uit het plantenrijk, en lette daarbij vooral op de voortbrengselen, die voor hem van belang waren. Zo onderscheidde hij een frambozenberg, een dirkjesbos[1] en een aardbeiendal. Heel achter was een plekje dat hij het paradijs noemde en daar was het natuurlijk erg heerlijk. Daar was een groot water, een vijver, waar witte waterleliën dreven en het riet lange fluisterende gesprekken hield met de wind. Aan de overzijde lagen de duinen. Het paradijs zelf was een klein grasveldje aan deze oever, omringd door

1. dirkjespeer: yellow diamond pear

kreupelhout, waartussen het nachtegaalskruid hoog opschoot. Daar
lag Johannes dikwijls in het dichte gras en tuurde tussen de schuife-
lende[1] rietbladen door naar de duintoppen over het water. Op warme zomeravonden was hij daar altijd, en lag uren te staren zonder
zich ooit te vervelen. Hij dacht aan de diepte van het stille, heldere
water voor zich, – hoe gezellig het daar moest zijn, tussen die waterplanten, in dat vreemde schemerlicht, en dan weer aan de verre,
prachtig gekleurde wolken die boven de duinen zweefden, – wat
daar wel achter zou zijn, en of het heerlijk zou zijn daarheen te kunnen vliegen. Als de zon juist was ondergegaan, stapelden de wolken
zich daar zo opeen, dat ze de ingang van een grot schenen te vormen,
en in de diepte van die grot schitterde het dan van zachtrood licht.
Dat was wat Johannes verlangde. Kon ik daarin vliegen! dacht hij
dan. Wat zou daar wel achter zijn? Zou ik daar eenmaal, eenmaal
kunnen komen? ....

Maar hoe dikwijls hij dat wenste, telkens viel de grot in vale[2],
donkere wolkjes uiteen, zonder dat hij er dichter bij kon komen. Dan
werd het koud en vochtig aan de vijver en hij moest weer zijn donkere
slaapkamertje in het oude huis gaan opzoeken.

Hij woonde daar niet geheel alleen; hij had een vader, die hem
goed verzorgde, een hond die Presto, en een kat die Simon heette.
Natuurlijk hield hij van zijn vader het meest, maar Presto en Simon
achtte hij volstrekt niet zoveel beneden hem, als een groot mens dat
zou doen. Hij vertrouwde zelfs meer geheimen aan Presto dan aan
zijn vader, en voor Simon gevoelde hij een eerbiedig ontzag. Nu, dat
was geen wonder! Simon was een grote kat met een glanzig zwart vel
en een dikke staart. Men kon hem aanzien, dat hij volkomen overtuigd was van zijn eigen grootheid en wijsheid. Hij bleef altijd even
deftig en voornaam, zelfs als hij zich verwaardigde even met een
rollende kurk te spelen, of achter een boom een vergeten haringkop
op te knauwen. Bij de dolle uitgelatenheid[3] van Presto kneep hij
minachtend de groene ogen toe en dacht: Nu ja! Die honden weten
niet beter.

Begrijpt ge nu, dat Johannes ontzag voor hem had? –

Met de kleine bruine Presto ging hij veel vertrouwelijker om. Het
was geen mooi of voornaam, maar een biezonder goedig en schrander

1. rustling   2. sallow   3. exuberance, elation

hondje, dat nimmer verder dan twee pas van Johannes weg te krijgen was, en geduldig zat te luisteren naar de mededelingen van zijn meester. Ik behoef u niet te zeggen, hoeveel Johannes van Presto hield. Maar hij had toch ook heel wat ruimte in zijn hart voor anderen over. Vindt ge het vreemd, dat zijn donkere slaapkamertje met de kleine ruitjes daar ook een grote plaats innam? Hij hield van het behangsel met de grote bloemfiguren, waarin hij gezichten zag en waarvan hij de vormen zo dikwijls bestudeerd had, als hij ziek was, of 's morgens wakker lag; hij hield van het ene schilderijtje dat er hing, waarop stijve wandelaars waren afgebeeld, die in een nog stijver tuin wandelden langs gladde vijvers, waarin hemelhoge fonteinen spoten en kokette zwanen zwommen; – het meest hield hij echter van de hangklok. Hij wond die altijd met zorg en aandacht op, en hield het voor een noodzakelijke beleefdheid naar haar te kijken als zij sloeg. Dat ging natuurlijk alleen zolang Johannes niet sliep. Was de klok door een verzuim stil blijven staan, dan voelde Johannes zich zeer schuldig en vroeg haar duizendmaal vergeving. Gij zoudt misschien lachen, als gij hem met zijn kamer in gesprek hoorde. Maar let eens op hoe dikwijls gij bij uzelf spreekt. Dat schijnt u in het geheel niet belachelijk. Johannes was bovendien overtuigd, dat zijn hoorders hem volkomen begrepen en had geen antwoord nodig. Maar heimelijk wachtte hij toch wel eens een antwoord van de klok of het behangsel.

Schoolkameraden had Johannes wel, maar vrienden waren het eigenlijk niet. Hij speelde met hen en smeedde samenzweringen[1] op school, en vormde roversbenden met hen buiten, maar hij voelde zich eerst recht thuis als hij alleen met Presto was. Dan verlangde hij nimmer naar jongens, en voelde zich volkomen vrij en veilig.

Zijn vader was een wijs en ernstig man, die Johannes dikwijls mede nam op lange tochten door wouden en duinen. Dan spraken zij weinig en Johannes liep tien schreden achter zijn vader, de bloemen groetend die hij tegenkwam, en de oude bomen die altijd op dezelfde plaats moesten blijven, vriendelijk met zijn handje langs de ruwe schors strijkend. En ruisend dankten hem dan de goedige reuzen.

Soms schreef zijn vader letters in het zand bij het voortgaan, één voor één, en Johannes spelde de woorden, die zij vormden en

---

1. plot, conspiracy

soms ook stond de vader stil en leerde Johannes de naam van een plant of dier.

En Johannes vroeg ook dikwijls, want hij hoorde en zag veel raadselachtigs. Domme vragen deed hij vaak; hij vroeg waarom de wereld was zoals zij was, en waarom dieren en planten dood moesten gaan, en of er wonderen konden gebeuren. Maar Johannes' vader was een wijs man en zeide niet alles wat hij wist. Dat was goed voor Johannes.

's Avonds voordat hij slapen ging, deed Johannes altijd een lang gebed. Dat had de kindermeid hem zo geleerd. Hij bad voor zijn vader en voor Presto. Simon had het niet nodig, dacht hij. Hij bad ook heel lang voor zichzelf en het slot was meestal de wens, dat er toch eens een wonder mocht gebeuren. En als hij amen gezegd had, keek hij gespannen in het half duistere kamertje rond, naar de figuren van het behangsel, die nog vreemder schenen in het zwakke schemerlicht, naar de deurknop en naar de klok, waar nu het wonder zou beginnen. Maar de klok bleef altijd hetzelfde wijsje tikken en de deurknop bewoog zich niet, het werd geheel duister en Johannes viel in slaap, zonder dat het wonder gekomen was.

Maar eenmaal zou het gebeuren, dat wist hij.

II

HET was warm aan de vijver en doodstil. De zon, rood en afgemat van haar dagelijks werk, scheen een ogenblik op de verre duinrand uit te rusten, voor ze onderdook. Bijna volkomen spiegelde het gladde water haar gloeiend aangezicht weer. De over de vijver hangende bladen van de beuk maakten van de stilte gebruik om zich eens aandachtig in de spiegel te bekijken. De eenzame reiger[1], die tussen de brede bladen van de waterlelie op één poot stond, vergat dat hij uitgegaan was om kikkers te vangen en tuurde in gedachten verzonken langs zijn neus.

Daar kwam Johannes op het grasveldje, om de wolkengrot te zien. Plomp! plomp! sprongen de kikvorsen van de kant. De spiegel trok rimpels, het zonnebeeld brak in brede strepen en de beukebladen ritselden verstoord, want zij waren nog niet klaar met hun beschouwing.

1. heron

163

Vastgebonden aan de naakte wortels van de beuk lag een oude kleine boot. Het was Johannes streng verboden daarin te gaan. O, wat was deze avond de verzoeking sterk! Reeds vormden de wolken zich tot een ontzaglijke poort, waarachter de zon ter ruste zou gaan. Schitterende rijen wolkjes schaarden zich ter zijde als een goudgeharnaste lijfwacht. Het watervlak gloeide mede, en rode vonken vlogen als pijlen door het oeverriet.

Langzaam maakte Johannes het touw der boot van de beukewortels los. Daar te drijven, middenin de pracht! Presto was reeds in de boot gesprongen en eer zijn meester het zelf wilde, schoven de riethalmen vaneen en dreven zij beide weg in de richting van de avondzon.

Johannes lag op de voorsteven[1] en staarde in de diepte van de lichtgrot. – Vleugels, dacht hij, nu vleugels! en daarheen!

De zon was verdwenen. De wolken gloeiden door. In het oosten was de hemel donkerblauw. Daar stond een rij wilgen langs de oever. Roerloos staken zij hun smalle witte blaadjes in de lucht. Tegen de donkere achtergrond scheen dat prachtig bleekgroen kantwerk.

Stil! Wat was dat? Het schoot als een suizeling over het watervlak, – als een lichte windvlaag, die een spitse vore in het water groeft. Het kwam van de duinen, van de wolkengrot.

Toen Johannes omzag, zat een grote blauwe waterjuffer[2] op de rand der boot. Zo groot had hij er nog nimmer een gezien. Zij zat stil, maar haar vleugels bleven in een wijde cirkel trillen. Het scheen Johannes, dat de punten van haar vleugels een lichtende ring vormden.

Dat moet een vuurvlinder zijn, dacht hij, die zijn heel zeldzaam.

Doch de ring werd groter en groter en de vleugels trilden zo snel, dat Johannes niet meer dan een nevel zag. En langzamerhand zag hij uit die nevel twee donkere ogen schitteren, en een lichte, ranke gestalte, in een tederblauw kleedje, zat op de plaats van de libel[2]. In het blonde haar was een krans van witte winden[3] en aan de schouders gazen haftvleugels[4], die als een zeepbel in duizend kleuren schitterden.

Een huivering van geluk doortintelde Johannes. Dat was het wonder.

,,Wilt ge mijn vriend zijn?" fluisterde hij.

Dat was wel een zonderlinge wijze om een vreemde aan te spreken

---

1. stem   2. dragon-fly   3. convolvulus   4. gauze wings

– maar het ging hier niet gewoon toe. En hij had een gevoel of hij het vreemde blauwe wezen al lang kende.

„Ja, Johannes!" hoorde hij, en de stem klonk als het schuifelen van het riet in de avondwind of het ruisen van de regen op de bladen in het bos.

„Hoe moet ik u noemen?" vroeg Johannes.

„Ik ben geboren in de kelk ener winde. Noem mij Windekind!"

En Windekind lachte en staarde Johannes zo vertrouwelijk in de ogen, dat het hem wonderbaar zalig te moede werd.

„Het is vandaag mijn verjaardag," zeide Windekind, „ik ben hier in de omtrek geboren, uit de eerste stralen der maan en de laatste der zon. Men zegt wel dat de zon vrouwelijk is. Dat is niet waar. Hij is mijn vader."

Johannes nam zich voor, morgen op school van *den* zon te spreken.

„En kijk! daar komt het ronde blanke gezicht van mijn moeder al te voorschijn. Dag moeder! O, o, wat kijkt zij weer goedig en bedrukt!"

Hij wees naar de Oosterkimmen. Groot en glanzig rees daar de maan aan de grauwe hemel, achter het kantwerk der wilgen, dat zwart tegen de lichte schijf afstak. Zij zette werkelijk een zeer pijnlijk gezicht.

„Kom! Kom! het is niets. Ik kan hem immers vertrouwen!"

Het schone wezen trilde vrolijk met de gazen vleugels en tikte Johannes met de Irisbloem, die hij in de hand had, op de wang.

„Zij vindt het niet goed dat ik bij u gekomen ben. Gij zijt de eerste. Maar ik vertrouw u, Johannes. Gij moogt nooit, nooit aan een mens mijn naam noemen of over mij spreken. Belooft ge dat?"

„Ja, Windekind," zei Johannes. Het was hem nog zo vreemd. Hij voelde zich onuitsprekelijk gelukkig maar vreesde zijn geluk te verliezen. Droomde hij? – Naast hem op de bank lag Presto kalm te slapen. De warme adem van zijn hondje stelde hem gerust. De muggen krioelden op het watervlak en dansten in de zoele lucht, evenals gewoonlijk. Het was alles zo klaar en duidelijk om hem heen. Het moest waarheid zijn. En altijd voelde hij dat Windekinds vertrouwelijke blik op hem rustte. Daar klonk weer de zoet-ruisende stem:

„Ik heb u vaak hier gezien, Johannes. Weet ge waar ik was? – Soms zat ik op de zandgrond van de vijver tussen de dichte waterplanten en zag naar u op, als ge over het water heenboog, om te

drinken of om de watertorren en salamanders te bekijken. Maar mijzelf zag gij nooit. Dikwijls ook keek ik naar u uit het dichte riet. Daar
ben ik heel veel. Daar slaap ik meestal, als het warm is. In een leeg
karkietenest[1]. Ja! dat is heel zacht."

Windekind wiegde vergenoegd op de rand van de boot en sloeg
met zijn bloem naar de muggen.

„Nu kom ik u wat gezelschap houden. Het is anders zo eentonig,
uw leven. Wij zullen goede vrienden zijn en ik zal u veel vertellen.
Veel beter dingen dan de schoolmeesters u wijs maken. Die weten er
volstrekt niets van. En als gij mij niet gelooft, dan zal ik u zelf laten
zien en horen. Ik zal u meenemen."

„O, Windekind! lieve Windekind! kunt gij mij daarheen mede-
nemen?" riep Johannes, en wees naar de kant, waar zoëven het pur-
per licht van de ondergaande zon uit de gouden wolkenpoort ge-
straald had. Reeds ging het heerlijke gevaarte in grijze nevelen ver-
vloeien. Toch drong de bleekrode glans nog uit de verste diepte tevoorschijn.

Windekind staarde in het licht, dat zijn fijn gezichtje en zijn blonde haren verguldde, en schudde zachtkens het hoofd.

„Nu niet! – Nu niet! Johannes. Ge moet niet dadelijk te veel
vragen. Ik zelf ben nog nooit bij vader geweest."

„Ik ben altijd bij mijn vader," zei Johannes.

„Neen! dat is uw vader niet. Wij zijn broers, mijn Vader is ook
de uwe. Maar uw moeder is de aarde en daarom verschillen wij veel.
Ook zijt ge in een huis bij mensen geboren en ik in een windekelk. Dat
laatste is stellig beter. Maar wij zullen het toch goed samen vinden."

Toen sprong Windekind luchtig op de zijde van de boot, die niet
bewoog onder die last, en kuste Johannes op het voorhoofd.

Wat was dat een vreemde gewaarwording voor Johannes! Het was
of alles om hem heen veranderde.

Hij zag alles nu veel beter en juister, dacht hij. Hij zag hoe de
maan nu veel vriendelijker keek, – en hij zag dat de waterlelies
gezichten hadden, waarmee zij hem verwonderd en peinzend aan-
staarden.

Hij begreep nu opeens waarom de muggen zo vrolijk op en neer
dansten, altijd om elkaar heen, op en neer, tot ze met hun lange

1. reed warbler's nest

benen het water raakten. Hij had er wel eens aan gedacht, maar nu begreep hij het vanzelf.

Hij hoorde ook wat het riet fluisterde en hoe de bomen aan de oever zachtjes klaagden, dat de zon was ondergegaan.

,,O, Windekind! ik dank u, dat is heerlijk. Ja, wij zullen het wel goed samen vinden!''

,,Geef mij een hand,'' zei Windekind, en sloeg de veelkleurige vleugels uit. Toen trok hij Johannes in de boot voort over het water, door de plompebladen[1], die in het maanlicht glinsterden.

Hier en daar zat een kikvors op een blad. Maar nu sprong hij niet in het water als Johannes kwam. Hij maakte alleen een kleine buiging en zeide ,,Kwak!'' Johannes boog beleefd terug, – hij wilde zich vooral niet ingebeeld[2] tonen.

Daar kwamen zij aan het riet, – dat was breed, en de gehele boot verdween erin, zonder dat zij het land bereikten. Maar Johannes vatte zijn geleider stevig vast en toen klauterden zij tussen de hoge halmen aan land.

Johannes meende wel dat hij kleiner en lichter was geworden, maar dat was misschien verbeelding. Toch herinnerde hij zich niet, dat hij ooit tegen een riethalm had kunnen opklimmen.

,,Let nu goed op,'' zei Windekind, ,,nu zult ge iets aardigs zien.''

Zij wandelden tussen het hoge gras onder donker kreupelhout, dat hier en daar een smal, glanzig straaltje van het maanlicht doorliet.

,,Hebt ge 's avonds de krekels[3] wel eens gehoord, Johannes, in de duinen? – Het lijkt of zij een concert maken, niet waar? en ge kunt nooit horen waar het geluid vandaan komt. Nu, zij zingen nooit voor hun plezier, maar dat geluid komt van de krekelschool, waar honderd krekeltjes hun lessen van buiten leren. Wees nu stil, want wij zijn er haast.''

Shrrr! Shrrr!

Het kreupelhout werd minder dicht, en toen Windekind met zijn bloem de grashalmen uiteenschoof, zag Johannes een helder verlicht open plekje, waar de krekeltjes bezig waren tussen het dunne, spichtige duingras hun lessen te leren.

Shrrr! Shrrr!

Een grote, dikke krekel was meester en overhoorde. Eén voor één

1. water-lily leaves   2. conceited   3. cricket

167

sprongen de leerlingen naar hem toe, altijd met een sprong heen en een sprong weer naar hun plaats terug. Wie mis sprong, moest op een paddestoel te pronk staan[1].

„Luister goed, Johannes! dan kunt ge misschien ook wat leren," zei Windekind.

Johannes verstond zeer goed wat de krekeltjes antwoordden. Maar het leek niets op wat de meester op zijn school vertelde. Eerst kwam de geografie. Van de werelddelen wisten zij niets. Zij moesten alleen 26 duinen kennen en twee vijvers. Van hetgeen verder was kon niemand iets weten, zei de meester, en wat ervan verteld werd, was ijdele fantasie.

Toen kwam de botanie aan de beurt. Daarin waren ze allen erg knap, en er werden veel prijzen uitgedeeld, uitgezochte jonge en malse grashalmpjes van verschillende lengte.

Maar de zoölogie verbaasde Johannes het meest. De dieren werden verdeeld in springende, vliegende en kruipende. De krekels konden springen en vliegen en stonden dus bovenaan, dan volgden de kikvorsen. Vogels werden met alle tekenen van afschuw hoogst schadelijk en gevaarlijk genoemd. Eindelijk werd ook de mens besproken. Het was een groot nutteloos en schadelijk dier, dat zeer laag stond, daar het vliegen noch springen kon, maar dat gelukkig zeldzaam was. Een klein krekeltje, dat nog nooit een mens gezien had, kreeg drie slagen met een rietje, omdat hij de mens bij vergissing onder de onschadelijke dieren telde.

Zoiets had Johannes nog nooit gehoord.

Toen riep de meester opeens: „Stilte! springoefening!" Dadelijk hielden alle krekeltjes op met leren en begonnen op heel kunstige en bedrijvige wijze haasje-over[2] te spelen. De dikke meester het eerst.

Dat was zulk een vrolijk gezicht, dat Johannes in de handen klapte van pret. Op dat geluid stoof de hele school in een ogenblik het duin in en werd het doodstil op het grasveldje.

„Ja, dat komt ervan, Johannes. Ge moet u niet zo lomp[3] gedragen! Men kan toch wel merken, dat gij bij mensen geboren zijt!"

Frederik van Eeden

---

1. stand in the pillory   2. leap-frog   3. rude, churlish

HET GEVONDEN GELD

In een dorpje dicht bij Kampen woonde een man, die de kost verdiende met vissen en jagen.

Op een avond, toen hij uitging om nog eens naar zijn net en zijn klem[1] te kijken, vond hij op de weg een grote zak met geld.

Hij liep onmiddellijk weer naar huis om zijn vrouw te laten zien wat hij gevonden had. Maar toen hij dicht bij huis kwam, dacht hij: „Als mijn vrouw het weet, weet morgen wellicht iedereen het." Hij ging daarom weer terug en zette de zak met geld achter een dikke boom. Toen ging hij naar de klem en het net. In de klem zat een vos en in het net een zalm. Hij sloeg ze allebei dood, deed de vos in het net en de zalm in de klem. Toen ging hij naar huis.

„Och, Griet!" riep hij, „ga toch eens gauw mee, het is zo donker, dat ik al helemaal verdwaald ben geweest."

Griet ging mee. Onderweg kwamen ze het gemeentehuis voorbij, waar nog licht op was, omdat de bedienden de boel schoon maakten.

„Wel kijk eens, Piet", zei Griet, „er is nog licht op in het gemeentehuis, en dat zo laat in de avond."

„Ja," zei Piet, „dit is juist de nacht dat de veldwachter met de duivel afrekent."

„Foei, Piet, is dat waar?"

„Jazeker," zei Piet, „wist je dan nog niet dat de veldwachter eens in het jaar met de duivel afrekent?"

Eindelijk kwamen ze bij het visnet. Daar vonden ze een vos in, en in de klem zat een dikke zalm. Toen gingen ze naar huis toe. Maar onderweg zei Piet:

„Het regent zo, Griet, we gaan even onder deze boom schuilen."

Toen ze daar gingen zitten, vond Griet de grote zak met geld.

„Nou, Piet," zei Griet, „we gaan gauw naar huis, zodat niemand er iets van merkt! En je moet er niemand iets van zeggen, hoor!"

„Natuurlijk niet!" zei Piet.

Maar het duurde niet lang of Griet moest het toch even aan haar buurvrouw Trijntje vertellen. Die zou het aan geen mens vertellen, dat beloofde ze.

Maar Trijntje vertelde het aan Marie, en die zei het weer aan

1. trap

Jantje, en al gauw wist het hele dorp dat Piet en Griet geld hadden gevonden. Het duurde dan ook niet lang of Piet en Griet moesten op het gemeentehuis komen om het geld terug te geven.

„Wij hebben geen geld gevonden," zei Piet.

„Maar," zei de burgemeester, „je vrouw zegt het toch ?"

„Ja, burgemeester," zei Piet, „mijn vrouw praat zoveel, die is soms niet goed bij het hoofd."

„Wel drommels nog toe! Wil je mij voor gek verklaren?" riep Griet. „Ik weet nog precies wanneer het gebeurd is. Het was op een nacht dat de veldwachter met de duivel afrekende, en dat we in het net een vos vingen en in de klem een zalm."

„Nou, burgemeester, wat zegt u daarvan ?" zei Piet.

„Ik hoor het al," zei de burgemeester, „ga maar naar huis toe."

239

DOCTOR FAUSTUS IN LEEUWARDEN

HET is niet algemeen bekend dat Doctor Faustus ook Leeuwarden heeft bezocht. Er bestaat echter een verhaal over, en ieder die zich voor deze boze man interesseert, behoort het te kennen.

Toen Faustus met de trekschuit uit Dokkum aangekomen was, wilde hij zich eerst laten scheren. Hij liep een barbierswinkel in, en nam plaats aan een tafel bij de haard.

De barbier hield een koperen bord onder zijn kin en begon hem te scheren, eerst de linkerwang en daarna de rechterwang. Toen de barbier daarmee klaar was, zag hij dat de linkerwang niet geschoren was. Hij meende dat hij die vergeten had, en schoor de linkerwang weer. Maar toen hij daarmee klaar was, zag hij dat de rechterwang niet was geschoren. Haastig schoor hij die, maar intussen groeide de baard op de linkerwang weer. Hij werd bang en begon aan zichzelf te twijfelen. Hij schoor steeds haastiger, maar na een half uur was de baard er nog.

Faustus, die steeds met boosaardige spot naar de barbier gekeken had, ging nu plotseling rechtop zitten en zei boos:

„Stommeling! Kom je nooit klaar ? Zo moet je doen!"

Hij pakte, zonder een druppel bloed te vergieten, zijn hoofd van zijn nek en zette het voor zich op tafel. Hij greep het scheermes

170

uit de hand van de ontstelde barbier, en de hoofdeloze romp schoor handig de baard af. Daarna zetten de handen het hoofd weer op de nek, en Faustus stond op. Hij wikkelde zich in zijn mantel, en zei: „Maar voor je moeite kun je dit krijgen," en wierp een grote gouden dukaat op de grond. Daarna liep hij langzaam de deur uit.

De barbier bleef een ogenblik staan. Toen nam hij haastig de dukaat van de vloer op, en liep naar de keuken, waar hij opgewonden en stotterend aan zijn vrouw vertelde wat er gebeurd was.

Toen hij aan het einde van zijn verhaal gekomen was, wilde hij de gouden dukaat aan zijn vrouw laten zien. Hij opende zijn rechterhand, en zie, wat er in was, was geen gouden dukaat, maar een kluit aarde.

GEDURENDE de dagen dat Faust in de herberg aan de Markt woonde, gebeurden er vreemde dingen in Leeuwarden. Als het koor in de kerk zong, begonnen plotseling rauwe en hese stemmen door het mooie gezang te schreeuwen. Als de mannen in de herberg uit hoge glazen wijn dronken, kon het gebeuren dat de wijn plotseling in dik, donker bloed veranderde. Eens zag een groep mensen midden op de Markt een hoge galg, en aan die galg hing de rechter zelf. Een ogenblik later was er niets meer te zien. Een man die 's morgens gaapte, kon zijn mond niet meer sluiten. Hij stond de hele dag met wijd-open mond te hijgen, en pas toen hij vermoeid neerviel, kon hij zijn mond weer dicht krijgen. Eens werd de kerkdienst op schandelijke wijze verstoord doordat een zware zwavelstank zich in de kerk verspreidde, en zowel de priester als de gelovigen haastig naar buiten moesten gaan. Zo had Faustus veel plezier. Niemand wist dat hij de oorzaak was, totdat hij zich op een dag verried.

Hij had op een avond een lange wandeling gemaakt. Toen hij in zijn herberg kwam, ging hij naar zijn kamer waar hij zich op zijn bed uitstrekte. Met een luide stem riep hij de knecht. Toen die gekomen was, beval hij hem zijn laarzen uit te trekken. Eerst kon de knecht de laars niet los krijgen. Faustus schold hem uit. De knecht gaf nu een flinke ruk aan de laars, en zie! het been schoot los en de knecht viel met laars en been achterover. Faustus sprong brullend op zijn ene been rond. Hij schreeuwde dat er gauw een dokter moest komen en dat hij voor zijn hele leven ongelukkig[1] was gemaakt. De

1 crippled

knecht rende de kamer uit en sprong de trap af. Toen een kwartier later de herbergier, de knecht en een dokter bevend Faustus' kamer binnenkwamen, stond Faustus weer op zijn beide benen. Hij brulde van het lachen toen hij hen daar zo bang zag staan. Bleek van schrik liep het drietal de trap weer af.

MAAR nu wist de herbergier wie de oorzaak was van alle vreemde gebeurtenissen in de laatste tijd. Hij ging de volgende morgen naar het stadhuis waar de heren van het stadsbestuur in deftige mantels om de groene tafel bij elkaar zaten. De herbergier vertelde wat er de vorige avond in zijn herberg gebeurd was, en vroeg of de achtbare heren deze ongewenste gast misschien uit de stad konden verbannen.

De achtbare heren dachten hier lange tijd over na, en kwamen tenslotte tot de conclusie dat het niet verstandig zou zijn om deze man, die de duivel zelf was, iets te bevelen.

„Maar," zei een van hen, „we zouden hem kunnen verzoeken zo vriendelijk te willen zijn ergens anders heen te gaan."

Aldus werd besloten. Men kwam overeen bij elke poort een speciale wachter te zetten, zodat men zou weten in welke richting hij vertrok. Men zou de stad van zijn bestemming dan kunnen waarschuwen.

Nu wordt het verhaal onwaarschijnlijk. Het vertelt namelijk dat de raadsheren in plechtige optocht over de Markt naar de herberg liepen en vroegen of ze de vreemde heer mochten spreken. Het is moeilijk te geloven dat de heren zich zo diep zouden vernederen. Maar aan de andere kant kunnen we ons ook moeilijk voorstellen hoe bang ze waren.

Goed, de heren werden door Dr. Faustus met eerbied ontvangen, en de burgemeester maakte in welgekozen woorden het verzoek van de raad bekend. Faustus, die zich soms ook zeer goed als een heer kon gedragen, zei met een vriendelijke glimlach dat het hem speet dat de heren zoveel moeite hadden genomen, omdat het zijn bedoeling al was geweest juist die middag te vertrekken.

Ten zeerste opgelucht wandelden de heren weer naar het stadhuis terug.

Toch haalde Dr. Faustus nog een streek uit. Want toen 's middags om half vijf de vier speciale wachters, één van elke poort, tegelijk op het stadhuis kwamen om hun verslag uit te brengen, verklaarden ze alle vier op erewoord dat ze Dr. Faustus door hun poort hadden zien wegrijden.

240

DE DIEF

IK kende Horan niet, voor ik hem in de gevangenis liet stoppen Horan woonde in een van de kleine dorpen dicht bij de noordkust, maar toch nog ver genoeg van de zee af, om geen visser te willen zijn. Horan was veehouder en Horans buurman was veehouder en Horan had, gewoon op klaarlichte dag, een stierkalf van zijn buurman gestolen. Hij was om twee uur met een touw naar de stal van zijn buurman gegaan, had de deur opengemaakt en het kalf meegenomen. Er waren om die tijd van de dag nooit veel mensen op de weg. Het was om twee uur veel te warm om buiten te zijn. Het was ook die dag zo warm geweest, dat het trillen van de lucht bijna hoorbaar was geworden. En in die trillende lucht had Horan gelopen van de stal van zijn buurman naar zijn eigen stal met het stierkalf aan een touw achter zich aan.

Maar hij was gezien. Een van de andere buren had liggen doezelen onder een afdakje achter zijn huis en hij had Horan met het kalf langs zien komen. De buurman was meteen klaar wakker geworden. Hij had onmiddellijk begrepen wat er gebeurde. Hij had niets gezegd, niets geroepen. Hij had gewacht tot Horan in zijn eigen stal was verdwenen en daarna was hij naar de buurman van het stierkalf gegaan en hij had hem alles verteld. De buurman van het kalf en de buurman, die het had gezien, waren toen samen naar het stalletje gegaan en ze hadden het leeg gevonden.

We moeten naar de politie gaan, hadden ze tegen elkaar gezegd en dat hadden ze gedaan. Er was in het dorp één politieagent. Die had liggen slapen onder het afdakje van zijn kantoor. Ze hadden hem wakker gemaakt en ze waren met zijn drieën naar de stal van Horan gegaan. De deur stond open en binnen zagen ze Horan en het stierkalf en Horan had juist een emmer water gehaald om het kalf te laten drinken.

EEN maand later was het de beurt van Horans dorp om een rechtzitting te krijgen. De griffier [1] en ik zaten achter een lange tafel in een

1. registrar

open galerij voor het huis van het districtshoofd. De mensen van het dorp zaten en stonden in een halve cirkel voor ons in de tuin. De agent van het dorp was er en er was een agent die wij uit de hoofdplaats hadden meegenomen. De griffier las de namen van de beschuldigden af en de agent uit de hoofdplaats riep dan: Vooruit! en de agent uit het dorp gaf de beschuldigde een duw en de beschuldigde struikelde naar het midden van de cirkel, waar hij op de grond ging zitten en de omstanders grinnikten en als er een enkele keer wat erg hard werd geduwd, dan grinnikte de beschuldigde mee en dan grinnikten wij achter de tafel ook maar eens om het weer goed te maken.

Op die manier hadden de griffier en ik al aan een kleine veertig beklaagden boeten [1] en hechtenissen [2] opgelegd, toen de zaak van Horan voorkwam. De agent van de hoofdplaats riep weer: Vooruit!, maar de agent van het dorp duwde dit keer niet. Hij pakte Horan bij de arm en leidde hem voor zijn rechters. Horan ging zitten en de agent bleef naast hem staan.

De griffier zei, dat Horan ervan werd beschuldigd een stierkalf te hebben gestolen en hij riep vervolgens het getuigenis van de agent in. De agent verklaarde dat hij op de bewuste middag wakker was gemaakt door de buren van Horan en dat ze met zijn drieën naar het erf van Horan waren gegaan en dat ze in de stal van Horan het stierkalf van de buurman van Horan hadden aangetroffen op het ogenblik dat Horan bezig was het kalf te laten drinken uit een emmer water en dat hij, agent, het kalf en de emmer in beslag had genomen [3].

Ik vroeg: Hoe in beslag?

Het bleek dat de agent het kalf en de emmer had meegenomen naar zijn eigen huis. Hij had het kalf al de tijd tot de rechtzitting toe te eten en drinken gegeven en hij had het nu ook meegebracht.

Ik vroeg: Waarom is het kalf in beslag genomen?

De agent zei dat het kalf een stuk van overtuiging [4] was. Hij zei: Ik heb het kalf meegebracht als bewijsstuk voor de heren rechters.

Ik vroeg de griffier: Bedoelt hij dat het kalf hier is?

Ja, zei de griffier.

Maar waar is het dan? vroeg ik.

Het staat hiernaast in de schuur van het districtshoofd, zei de agent.

Dan zullen we het maar eens gaan bekijken, zei ik tegen de griffier.

1. fine   2. detention   3. to seize   4. evidence

We stonden van achter de tafel op en we liepen naar het schuurtje van het districtshoofd, de griffier en ik voorop, met de agent naast ons om de weg te wijzen. Achter ons het districtshoofd en de commies van het districtshoofd en daarachter de eigenaar van het stierkalf en de getuige, die Horan had gezien en Horan zelf. Tenslotte een hele optocht van dorpsbewoners.

Het licht in het schuurtje was schemerig. Het kalf stond langs een van de wanden in een bed van stro. Het had zachtbruin haar met een paar witte vlekken, maar de kop was egaal bruin. Het had een emmer met water voor zich staan en een bak met gesneden knollen. De knollen zagen er heel smakelijk uit. We stonden met zijn zessen om het kalf heen. Ik zelf, de griffier, het districtshoofd, de agent, de eigenaar en de dief. Horan, de dief, stond naast me, recht voor de kop van het kalf.

Hoe oud is het? vroeg ik.

Zes maanden, zei Horan.

Zes maanden was het dier en zijn ogen waren nu al vijvers van weemoed.

Het is een mooi dier, zei ik.

Het is een klein dik kereltje, zei Horan. Het is een mooi ventje. En hij klopte het beest op de flanken.

Dit is de emmer, zei de agent.

Hoe emmer? vroeg ik.

Het stuk van overtuiging toch? zei de agent.

Ik stuur hem het volgend jaar naar de tentoonstelling in de hoofdplaats, zei de eigenaar.

Hij zal vast de eerste prijs winnen, zei Horan.

We gaan maar weer eens terug, zei ik.

Toen we weer achter de tafel zaten vroeg ik aan de griffier: Hoeveel staat er eigenlijk voor?

We zouden hem zes maanden kunnen geven, zei de griffier. Maar de minimumstraf is veel minder.

Wat is de minimumstraf, vroeg ik.

Eén maand, zei de griffier.

Twee maanden, zei ik.

Twee maanden! riep de griffier. En de stukken van overtuiging gingen terug naar de eigenaar.

WE dronken na afloop van de zitting een kopje koffie bij het districtshoofd. We gingen in de auto naar huis. Op de terugweg kwamen we Horan achterop. Hij had met drie andere veroordeelden een karretje gehuurd om naar de gevangenis te rijden. Het was vijfentwintig kilometer en ze zouden zeker onderweg stilhouden om ergens te gaan eten. Het zou wel avond worden, eer ze bij de gevangenis zouden zijn.

Toen ze mijn auto zagen, stopten ze langs de kant van de weg. Ze groetten. We groetten terug, de griffier en ik.   *A. Alberts*

241

DE LANDING BIJ ALBURY

In 1934 vierde men in Australië het honderdjarig bestaan van de staat Victoria en de stad Melbourne. Ter gelegenheid daarvan werd er een wedstrijd voor vliegtuigen georganiseerd. Sir MacPherson Robertson stelde een grote geldprijs beschikbaar voor het vliegtuig dat het snelst van Engeland naar Melbourne zou vliegen. De K.L.M. vloog mee met de „Uiver", een gewoon verkeersvliegtuig. De gezagvoerder was de bekende vliegenier Parmentier. De „Uiver" won de eerste prijs in de handicapwedstrijd, en de tweede prijs in de snelheidswedstrijd. De tocht verliep uitstekend, totdat het vliegtuig door het biezonder slechte weer in de buurt van Albury verdwaalde.

TERWIJL ze over de heuvels vlogen, ontdekten ze plotseling een meer, en op enige afstand daarvan zagen ze de lichten van een stad. Ze keken op de kaart, maar ze konden geen stad vinden, die dicht bij een meer lag. Maar was het wel een echt meer? Of was het misschien een overstroming? Ze bleven er een hele tijd boven cirkelen en probeerden hun positie te bepalen. Tenslotte was het duidelijk dat die stad Albury moest zijn, 250 km ten noordoosten van Melbourne.

Op 800 m hoogte vlogen ze verder, in de richting van Melbourne. Na een half uur werd het weer slechter. Het regende en hagelde, en de wolken kwamen steeds lager. Ze moesten steeds in een andere richting vliegen om de regenbuien te ontwijken. Zo zouden ze nooit in Melbourne komen!

Toen begon het zo hard te regenen dat ze niets meer konden zien: ze moesten terug. Ze konden geen radioverbinding krijgen en het

176

was veel te gevaarlijk om zonder radio door de wolken te vliegen. Ze zouden weer kunnen verdwalen en dan zou er niet genoeg benzine zijn om over de bergen terug te vliegen en in de vlakte ten noorden van de bergen een noodlanding te maken. Ze hadden nog maar voor twee uur benzine. Het was erg jammer dat ze terug moesten keren, maar er was niets aan te doen. Het voornaamste was dat ze zo gauw mogelijk een terrein vonden, waarop ze een noodlanding zouden kunnen maken. Ze besloten langs dezelfde weg naar Albury terug te vliegen en daar te landen.

Van Brugge, de telegrafist, probeerde voortdurend om verbinding te krijgen, maar zonder resultaat. Hij verzocht dringend om de landingsterreinen in de buurt te laten verlichten. Plotseling kwam er een antwoord: You are reported over Yackandandah off Albury, keep West, we are lighting ground at Cootamundra.

Ze probeerden zo spoedig mogelijk uit het bergterrein te komen. Het onweer werd steeds heviger en scheen zich in noordwestelijke richting te bewegen. Ze hadden genoeg benzine om Cootamundra te bereiken, als ze tenminste niet gedwongen werden om een omweg te maken.

Terwijl Parmentier de kaart bijhield, stuurde Moll, de tweede piloot, het vliegtuig tussen de bergen door. Na korte tijd zagen ze de lichten van de stad weer. Dat moest Albury weer zijn. Toen zagen ze iets biezonders. Plotseling was Albury verdwenen. Alleen een rij lichten bleef zichtbaar. Dat leek wel een vliegveld. Een paar seconden later brandden alle lichten van de stad weer. Ze begrepen eerst niet wat er aan de hand was. Maar toen ze boven het terrein cirkelden, zagen ze aan weerskanten een groot aantal auto's, die met hun koplampen het terrein verlichtten zodat ze zouden kunnen landen. Tegelijkertijd zagen ze echter dat het terrein geen vliegveld was. Daarvoor waren de afmetingen te klein. Parmentier stak de beide schijnwerpers van de ,,Uiver'' aan, en vloog enige malen laag over het terrein. Het leek groot genoeg om het vliegtuig zonder beschadiging neer te zetten. Hier waren ze veel dichter bij hun doel dan in Cootamundra, en misschien konden ze zonder benzine bij te laden van Albury naar Melbourne vliegen.

Met de schijnwerpers konden ze slechts een deel van het terrein verlichten, en het was moeilijk om een duidelijke indruk van de omgeving te krijgen. Parmentier besloot gebruik te maken van een van de parachutefakkels[1]. Bij dat licht konden ze alles goed zien. Het terrein bleek een renbaan te zijn. Veel plaats om te landen was er niet. Er was een heuvelrug aan de noordkant, en aan de zuidkant stonden hoge bomen. Er was een opening tussen de bomen waar de „Uiver" net door zou kunnen. Daarachter waren een paar kleine hekjes en een vrij lange strook open terrein. Plotseling was het felle licht van de fakkel verdwenen: ze hadden hem te laag laten vallen.

Toen stak men op het terrein benzinevuren aan. Ze vlogen op ongeveer 200 m. hoogte over de renbaan en zagen duidelijk de letters A-L-B-U-R-Y. Nu moesten ze een besluit nemen: het begon weer te regenen, en tijdverlies betekende benzineverlies.

Parmentier liet de tweede fakkel vallen, en plotseling was het terrein weer fel verlicht. Ze daalden, vlogen in een wijde bocht om het terrein en zweefden zo laag mogelijk tussen de bomen door. Zodra Parmentier de wielremmen gebruikte, merkte hij dat de wielen bleven staan. Het terrein was modderig en glad, en bood weinig weerstand aan de banden. Gelukkig kwam het vliegtuig vlak voor de uitdovende vlammen van het benzinevuur tot stilstand. De wielen zakten diep in de modder, maar er was niets beschadigd, en ze waren in veiligheid.

Van alle kanten kwamen er mensen aanlopen, die hen hartelijk toejuichten. De bemanning stapte uit en werd gelukgewenst met de geslaagde landing. Het bleek dat men in Albury erg ongerust was geweest. Men had hen in de richting van de Australische Alpen zien vliegen, en toen er even later uit Melbourne bericht kwam dat ze noodsignalen uitzonden, had men het ergste gevreesd. Toen had men per radio een verzoek aan alle automobilisten van de stad omgeroepen om met hun auto's naar de renbaan te gaan, zodat de „Uiver" een noodlanding zou kunnen maken. De vreugde over de landing was zo groot, dat de mensen in een kring om de bemanning gingen staan en begonnen te zingen:

> For they are jolly good fellows,
> For they are jolly good fellows,
> And so say all of us!

Iemand van het omroepstation verzocht Parmentier om met hem naar de studio te rijden en een paar woorden voor de microfoon te

1. flare

178

spreken. Maar Parmentier zei dat hij het vliegtuig niet kon verlaten voordat de passagiers verzorgd waren, het toestel goed afgedekt en de bewaking in orde was. Hij beloofde echter dat hij zou komen zodra alles gereed was. De regen viel weer in stromen neer, en er was geen sprake van om in het donker te starten. Het rechterwiel was diep in de modder weggezakt en het hele terrein was een natte modderpoel.

Hoewel de bemanning van de ,,Uiver'' dankbaar was voor alle hulp en hartelijkheid, waren ze toch maar half tevreden. Ze hadden gehoopt in Melbourne te zijn, en nu stonden ze in de stromende regen op een klein, modderig stukje renbaan in Albury. Natuurlijk waren ze teleurgesteld. Maar ze berustten erin, en bedachten dat veiligheid meer waard is dan het winnen van een prijs.

naar K. D. Parmentier

242

SPROOKJE

EEN netgekleed heer, goudgekettingd en tevreden, wandelde langs een der grachten van Amsterdam. Hij was in de stad voor ,,zaken''. Straks zult ge zien, wèlke zaken. Daar wandelde voor hem uit een dame met haar kind. Door ik weet niet welk toeval, viel het kind in 't water. De moeder gaf een gil.... en sprong het kind na, dat zij redde.

De man van zaken zag het aan, haalde z'n zakboek uit zijn zak, en maakte zich gereed daarin iets op te schrijven.

,,Mevrouw, mag ik zo vrij zijn uw naam en uw adres te vragen?''

,,Mijn kind, mijn kind, ik heb m'n kind terug!''

,,Zeer wel, maar mag ik zo vrij wezen....''

,,Ik heb m'n kind terug,'' herhaalde de hoofdige moeder, die niet begreep dat men haar vragen kon naar iets anders dan haar kind.

,,Met die vrouw is niets te beginnen,'' bromde de nieuwsgierige vrager. ,,Eilieve[1], vrindje, ik zal u ruim belonen, als ge mij morgen de naam en 't adres opgeeft van die dame.''

Zó vraagde de vreemdeling aan een der omstanders, en 't schijnt dat hij ditmaal te weten kwam wat hij begeerde te weten. Althans hij liet zich de volgende dag aandienen bij de gelukkige moeder.

1. pray!

179

„Mevrouw, ik had de eer tegenwoordig te zijn...."

„O, waart ge dáár, mijnheer? Hebt gij 't gezien? Ik zag niets, ik hoorde niets, ik sprong...."

„Verschoon mij[1], mevrouw, ik heb gehoord...."

„Gehoord?"

„Ja, mevrouw, ik heb gehoord hoe ge...."

„Gehoord? Wàt toch?"

„Ik heb gehoord hoe gij gegild hebt, mevrouw,.... Ik kom u 'n engagement aanbieden bij 't theater."

Arme moeder!

Die man was 'n impressario die sujetten zocht. Hij heette PU-BLIEK.

Multatuli

243

DE JAPANSE STEENHOUWER

ER was eens een man die stenen hieuw uit de rots. Zijn arbeid was zeer zwaar, en hij arbeidde veel, doch zijn loon was gering, en tevreden was hij niet.

Hij zuchtte omdat zijn arbeid zwaar was. En hij riep: Och, dat ik rijk ware, om te rusten op een baleh-baleh[2] met klamboe[3] van rode zijde.

En er kwam een engel uit de hemel, die zeide: U zij gelijk gij gezegd hebt.

En hij was rijk. En hij rustte op een baleh-baleh, en de klamboe was van rode zijde.

En de koning des lands toog voorbij[4], met ruiters voor zijn wagen. En ook achter de wagen waren ruiters, en men hield de gouden pajong[5] boven het hoofd van de koning.

En toen de rijke man dit zag, verdroot het hem dat er geen gouden pajong werd gehouden boven zijn hoofd. En tevreden was hij niet.

Hij zuchtte, en riep: Ik wenste de koning te zijn.

En er kwam een engel uit de hemel, die zeide: U zij gelijk gij gezegd hebt.

1. excuse me   2. couch   3. mosquito-net   4. to ride past
5. sun-shade, parasol

En hij was koning. En voor zijn wagen reden vele ruiters, en ook waren er ruiters achter zijn wagen, en boven zijn hoofd hield men de gouden pajong.

En de zon scheen met hete stralen, en verbrandde het aardrijk, zodat de grasscheut dor werd.

En de koning klaagde dat de zon hem schroeide in het gelaat, en macht had boven hem. En tevreden was hij niet.

Hij zuchtte, en riep: Ik wenste de zon te zijn.

En er kwam een engel uit de hemel, die zeide: U zij gelijk gij gezegd hebt.

En hij was de zon. En hij zond zijn stralen naar boven, en naar beneden, naar de rechterzijde, en naar de linkerzijde, en alom.

En hij verschroeide de grasscheut op het aardrijk, en het gelaat der vorsten die op de aarde waren.

En een wolk stelde zich tussen de aarde en hem, en de stralen van de zon stuitten daarop terug.

En hij werd toornig dat zijn macht weerstaan werd, en hij klaagde dat die wolk machtig was boven hem. En tevreden was hij niet.

Hij wilde de wolk zijn, die zo machtig was.

En er kwam een engel uit de hemel, die zeide: U zij gelijk gij gezegd hebt.

En hij werd een wolk, en plaatste zich tussen de zon en de aarde, en ving de stralen op, zodat het gras groen werd.

En de wolk regende in grote druppen op het aardrijk, en deed de rivieren zwellen, en banjirs[1] voerden de kudden weg.

En hij verwoestte door veel water het veld.

En hij viel neer op een rots, die niet week. En hij klaterde in grote stromen, maar de rots week niet.

En hij werd toornig omdat de rots niet wijken wilde, en omdat de sterkte van zijn stromen ijdel was. En tevreden was hij niet.

Hij riep: Aan die rots is macht gegeven boven mij. Ik wenste die rots te zijn.

En er kwam een engel uit de hemel, die zeide: U zij gelijk gij gezegd hebt.

En hij werd rots, en bewoog niet als de zon scheen, en niet als het regende.

---

1. flood

En daar kwam een man met houweel¹, en met puntige beitel ², en met zware hamer, die stenen hieuw uit de rots.

En de rots zeide: Wat is dit, dat die man macht heeft boven mij, en stenen houwt uit mijn schoot ? En tevreden was hij niet.

En hij riep: Ik ben zwakker dan deze.... ik wenste die man te zijn.

En er kwam een engel uit de hemel, die zeide: U zij gelijk gij gezegd hebt.

En hij was steenhouwer. En hij hieuw stenen uit de rots, met zware arbeid, en hij arbeidde zeer zwaar voor weinig loon, en hij was tevreden.

Multatuli

244

GESCHIEDENIS VAN GEZAG

HASSAN verkocht dadels in de straten van Damaskus. Als ik zeg dat hij die verkocht, bedoel ik eigenlijk dat hij ze niet verkocht; want z'n dadels waren zo klein, dat niemand die kopen wilde.

Met verdriet en afgunst zag hij hoe ieder de rijke Aouled begunstigde, die naast hem woonde op 'n mat. Want ze woonden op matten, in Damaskus, met zeer hoge verdieping, omdat ze geen dak boven zich hadden. De rijkdom van Aouled bestond dan ook niet in huizen, maar in 'n tuin die zeer vruchtbaar was, ja zó vruchtbaar, dat de dadels die er groeiden zo groot waren als drie gewone dadels. En daarom kochten de voorbijgangers de dadels van Aouled, en niet de dadels van Hassan.

Daar kwam in de stad 'n Derwisch, die wijsheid te veel had, en te weinig voedsel. Althans hij ruilde z'n kennis voor spijze, en men zal zien hoe onze Hassan wèlvoer bij die ruil.

,,Geef mij toch te eten,'' gebood hem de Derwisch, ,,dan zal ik doen wat geen Khalif voor u doen kan. Ik zal het volk dwingen uw dadels te kopen, door die groot te maken, ja, groter dan de vruchten van Aouled. Hoe groot zijn die ?''

,,Helaas, Derwisch van Allah gezonden – ik kus uwe voeten – de dadels van Aouled – Allah geef hem krampen – zijn driemaal groter dan gewone dadels. Tread binnen op m'n mat, kruis uwe benen, wees

1. pick-axe   2. chisel

182

gezegend, en leer mij mijn dadels groot maken, en het volk dwingen, die te kopen."

Hassan had kunnen vragen, waarom de Derwisch, die zo bekwaam was, spijze behoefde? Maar chicaneren deed Hassan nooit. Hij zette z'n gast gekookt leder voor, alles wat hij overhad van 'n gestolen geitebok.

De Derwisch at, verzadigde zich, en sprak:

„Driemaal groter dan gewone dadels zijn de vruchten van uw buurman.... hoe groot wilt ge dat de uwe worden, o Hassan, zoon van ik weet niet wien?"

Hassan bedacht zich even, en zeide:

„Allah geve u kinderen en vee! Ik wenste dat m'n dadels driemaal groter waren, dan ze door u kunnen gemaakt worden."

„Zeer wel," sprak de Derwisch. „Zie hier 'n vogel, die ik mee-bracht uit het verre Oosten. Zeg hem, dat elk uwer dadels zo groot is als drie van uw dadels."

„Ik wens u vrouwen en kamelen, o Derwisch – die aangenaam riekt als olijven – maar wat zal het baten of ik deze vogel zeg wat niet is?"

„Doe naar m'n zeggen," hernam de wijze man. „Daarvoor ben ik Derwisch, dat ge mij niet begrijpt."

Hassan wenste de vogel lengte van veren, en noemde hem Rock. Maar 't was geen rock[1]. 't Was een kleine vogel die wel wat op 'n raaf geleek, met losse tong en hippelende tred. De Derwisch had hem meegenomen van Indaloes[2], waar hij was aangebracht door koop-lieden, die over zee waren gekomen uit het land waar de mensen op negers gelijken, schoon 't ver is van Afrika. Dat Hassan het beest „rock" noemde, was omdat hij had opgemerkt dat iemand wie men iets vraagt, uitdijt[3]. En ook 't omgekeerde. Wie wat nodig heeft van een ander, krimpt in. Zo was 't in Damaskus. Hassan kromp in, en zeide:

„Ik ben uw slaaf, o vogel Rock! M'n vader was 'n hond.... en elk mijner dadels is zo groot als drie van m'n dadels."

„'t Is wel," zei de Derwisch. „Ga zo voort, en vrees Allah!"

Hassan ging zo voort. Hij vreesde Allah, en vertelde maar altijd door aan de vogel, dat z'n dadels onmogelijk groot waren.

1. Rock is 'n reuzenvogel in de mythologie van het Oosten   2. Sumatra
3. to expand

Het loon der deugd bleef niet uit. Nog geen driemaal had de Khalif al de bewoners van z'n harem laten ombrengen.... nog had geen moeder de tijd gehad haar dochter behoorlijk gereed te maken voor de markt te Roen, nog had Hassan geen enkel verdwaald geitebokje ontmoet, om hem gezelschap en in 't leven te houden op z'n mat, en ziedaar, de vogel riep:

„M'n vader is een hond...."

Dit was niet nodig, maar hij zei 't Hassan na.

„..... m'n vader is een hond, krijg lengte van veren, de dadels van Hassan Ben...."

Ik weet de naam van Hassans vader niet, en als de man 'n hond was, komt die er ook niet op aan.

„De dadels van Hassan zijn driemaal groter dan ze zijn."

Toen waren er betweters in Damaskus, die dit tegenspraken. Maar 't duurde niet lang. Er was namelijk in de stem des vogels iets dat de lucht deed trillen op een wijze die invloed had op de straalbreking. De dadels groeiden, groeiden.... in aller ogen!

En de vogel riep maar al voort:

„De dadels van Hassan zijn driemaal groter dan ze zijn!"

En ze groeiden! Men overgaapte zich om erin te bijten.

En Aouled werd zeer mager. Maar Hassan kocht veel geitebokken en lammeren, en hij bouwde een dak over z'n mat. Hij werd zeer eerlijk, en vond het schande als iemand die zelf lammeren had, een opat van de zijne. En hij ging voort Allah te vrezen.

Deze vroomheid en die rijkdom had hij te danken aan de kleine vogel, die altijd hetzelfde zei, en leugen tot waarheid maakte door herhaling. Ieder vond Hassans dadels groot, ieder was gedwongen die te kopen, ieder....

Behalve Hassan zelf, die in stilte zich voorzag bij Aouled, wiens enige klant hij was.

En dit is zo gebleven tot op deze dag.   *Multatuli*

UIT HET DAGBOEK VAN ANNE FRANK

maandag, 26 juli 1943

LIEVE Kitty,

Gisteren was het een erg rumoerige dag en we zijn nog steeds opgewonden. Je kunt eigenlijk vragen welke dag er zonder opwinding
voorbij gaat.

's Ochtends bij het ontbijt kregen we de eerste keer vooralarm[1],
maar dat kan ons niet bommen[2], want het betekent dat er vliegers
aan de kust zijn. Na het ontbijt ben ik een uurtje gaan liggen, want
ik had erge hoofdpijn en ging toen naar beneden. Het was ongeveer
twee uur. Om half drie was Margot met haar kantoorwerk klaar; ze
had haar boeltje nog niet gepakt of de sirenes loeiden, dus trok ik
weer met haar naar boven. Het werd tijd, want we waren nog geen
vijf minuten boven, of ze begonnen hard te schieten, zodat we in de
gang gingen staan. En ja hoor, daar dreunde het huis en vielen de
bommen.

Ik klemde mijn vluchttas tegen mij aan, meer om wat te hebben
om vast te houden, dan om te vluchten, want we kunnen toch niet
weg. Wanneer we in het uiterste geval zouden vluchten, betekent de
straat evenveel levensgevaar als een bombardement. Na een half uur
werd het vliegen minder, maar de bedrijvigheid in huis nam toe. Pe-
ter kwam van zijn uitkijkpost op de voorzolder, Dussel was in het
voorkantoor, mevrouw voelde zich in het privé-kantoor veilig, mijnheer van Daan had vanaf de vliering toegekeken en wij in het por-
taaltje verspreidden ons ook en ik klom de trap op, om de rookzuilen
boven het IJ te zien opstijgen waarvan mijnheer van Daan verteld
had. Weldra rook het overal naar brand en het leek buiten of er
dikke mist hing.

Hoewel zo'n grote brand geen leuk gezicht is, was het voor ons
gelukkig weer achter de rug en we begaven ons aan onze respectieve
bezigheden. 's Avonds bij het eten: luchtalarm. We hadden lekker
eten, maar de trek verdween bij mij al bij het geluid alleen. Er gebeurde echter niets en drie kwartier later was alles veilig. De afwas
stond aan de kant: luchtalarm, schieten, vreselijk veel vliegers. ,,Oh

1. warning before the alert   2. that does not worry us

jeminee, twee keer op een dag, dat is erg veel," dachten we allen, maar dat hielp niets, weer regende het bommen, dit keer aan de andere kant, naar de Engelsen zeggen op Schiphol. De vliegers doken, stegen, het suisde in de lucht en het was erg griezelig. Elk ogenblik dacht ik: ,,Nu valt hij, daar ga je."

Je Anne

maandagavond, 8 november 1943

Lieve Kitty,

Als je mijn brievenstapeltje achter elkaar door zou lezen, dan zou het je zeker opvallen in wat voor verschillende stemmingen mijn brieven geschreven zijn. Ik vind het zelf vervelend dat ik hier in het Achterhuis zo erg van stemmingen afhankelijk ben; dat ben ik trouwens niet alleen, dat zijn wij allemaal. Als ik een boek lees dat indruk op me maakt, moet ik in mezelf grondig orde scheppen alvorens me onder de mensen te begeven, anders zou men van mij denken dat ik een wat rare geest had. Op het ogenblik, zoals je wel zult merken, heb ik een periode waarin ik erg neerslachtig ben. Ik zou je echt niet kunnen zeggen hoe ik zo kom, maar ik geloof dat het mijn lafheid is, waar ik telkens weer tegen op bots.

Vanavond, toen Elli er nog was, werd er lang, hard en doordringend gebeld. Op dat ogenblik werd ik wit, kreeg buikpijn en hartkloppingen en dat allemaal van angst.

's Avonds in bed zie ik me in een kerker, alleen, zonder vader en moeder. Soms zwerf ik aan de weg, of ons Achterhuis staat in brand, of ze komen ons 's nachts weghalen. Ik zie alles alsof ik het aan mijn eigen lijf beleef en heb daarbij het gevoel dat dit alles me dadelijk zal kunnen overkomen.

Miep zegt wel vaak, dat ze ons benijdt, omdat we hier rust hebben. Dat kan best waar zijn, maar aan onze angst denkt ze zeker niet. Ik kan me helemaal niet voorstellen dat de wereld voor ons ooit weer eens gewoon wordt. Ik spreek wel over ,,na de oorlog", maar dan is dat, alsof ik over een luchtkasteeltje spreek, iets dat nooit werkelijkheid kan worden. Aan ons vroeger thuis, de vriendinnen, de schoolpretjes, aan dat alles denk ik als aan iets, dat een ander dan ikzelf beleefd heeft.

Je Anne

donderdag, 11 november 1943

Lieve Kitty,

Ik heb net een goede titel voor dit hoofdstuk:

Ode aan mijn vulpen

In Memoriam

Mijn vulpen was voor mij altijd een kostbaar bezit; ik waardeerde haar hogelijk, vooral wegens de dikke punt die zij had, want ik kan alleen met dikke vulpenpunten werkelijk netjes schrijven. Mijn vulpen heeft een zeer lang en interessant vulpenleven gehad, dat ik in het kort wil meedelen.

Toen ik 9 jaar oud was, kwam mijn vulpen in een pakje (in watten gewikkeld) als ,,monster zonder waarde" helemaal uit Aken, de woonplaats van mijn grootmoeder, de goede geefster. Ik lag met griep in bed, terwijl de februariwind om het huis gierde. De glorierijke vulpen had een rood leren etuitje[1] om zich heen en werd dadelijk aan al mijn vriendinnen getoond. Ik, Anne Frank, de trotse bezitster van een vulpen.

Toen ik 10 jaar was, mocht ik de pen mee naar school nemen en de juffrouw stond zowaar toe dat ik ermee schreef.

Met 11 moest mijn schat echter weer opgeborgen worden, daar de juffrouw van de zesde klas alleen schoolpennen en inktpotjes als schrijfgerei toestond.

Toen ik 12 werd en naar het Joodse Lyceum ging, kreeg mijn vulpen ter meerdere ere een nieuw etui, waar een potlood bij kon en dat bovendien veel echter stond, daar het met een ritssluiting[2] sloot.

Met 13 ging de vulpen mee naar het Achterhuis, waar zij met mij door talloze dagboeken en geschriften is gerend.

Toen ik 14 jaar oud was, was dat het laatste jaar dat mijn vulpen met mij voltooid had, en nu....

Het was op vrijdagmiddag na vijf uur, dat ik uit mijn kamertje gekomen, aan tafel wilde gaan zitten om te schrijven, toen ik hardhandig opzij geduwd werd en plaats moest maken voor Margot en vader, die hun Latijn oefenden. De vulpen bleef ongebruikt op tafel liggen, en haar bezitster nam zuchtend genoegen met een heel klein

1. case   2. zip

187

hoekje tafel en ging boontjes wrijven. ,,Boontjes wrijven" is hier: beschimmelde[1] bruine bonen weer in hun fatsoen brengen.

Om kwart voor zes ging ik de grond vegen en gooide het vuil tezamen met de slechte bonen op een krant en in de kachel. Een geweldige vlam sloeg eruit, en ik vond het prachtig dat de kachel, die op apegapen gelegen had[2] zich op die manier herstelde. De rust was weergekeerd, de Latijners opgehoepeld[3] en ik ging aan tafel zitten om mijn voorgenomen schrijfwerk op te nemen, maar, waar ik ook zocht, mijn vulpen was nergens te bekennen. Ik zocht nog eens, Margot zocht, vader zocht, Dussel zocht, maar het ding was spoorloos verdwenen.

,,Misschien is zij wel in de kachel gevallen, tegelijk met de bonen," opperde Margot. ,,Ach, wel nee, kind!" antwoordde ik.

Toen mijn vulpen echter 's avonds nog niet tevoorschijn wou komen, namen we allen aan, dat zij verbrand was, te meer daar celluloid reusachtig brandt.

En werkelijk, de droeve verwachting werd bevestigd, toen vader de volgende morgen bij het kachel-uithalen het clipje, waarmee je een vulpen vaststeekt, te midden van een lading as terugvond. Van de gouden pen was niets meer te zien.

,,Zeker vastgebakken in de een of andere steen," meende vader.

Eén troost is mij gebleven, al is hij maar schraal: mijn vulpen is gecremeerd, net wat ik later zo graag wil!

Je Anne.

Anne Frank

246

DE VERTALING

In de boottrein naar Hoek van Holland zat ik alleen in een coupé en verveelde me, want het landschap is niet zo, dat je telkens uitroept: ,,kijk nou eens!" Opeens verscheen er een meisje in het gangetje. Zij keek vorsend naar binnen, hield mij enige tijd in haar bruin oog gevat en stommelde weer verder.

,,Aardig," dacht ik, ,,goed gekleed ook. Onnederlands eigenlijk. Zou ze ...."

Nu werd de deur van de coupé helemaal opengedaan. Ze bevond zich op de drempel, keek mij ernstig aan en vroeg:

1. mouldy   2. which had been at its last gasp   3. made themselves scarce

„Do you speak English?"

„Yes," zei ik, want u weet hoe graag ik overdrijf.

Ze knikte goedkeurend. Daarop draaide ze mij haar rug toe en stapte het gangetje weer in. Ze had vlammend rood haar, zag ik nu. „Wat gek," dacht ik, toen ze weg was. „Waarom vraagt een Engels meisje aan een vreemd persoon, of hij haar taal spreekt, en neemt de benen zodra hij bevestigend heeft geantwoord? Raadselachtig, zo'n vrouwenziel...."

Opnieuw die deur! Daar stond ze weer – sterker nog, ze kwam binnen en ging naast me zitten.

„Would you mind...."

Nu werd het allemaal duidelijk. In haar hand had ze een kranteknipseltje, waarvan ze inhoud en strekking in het Engels vertaald wilde horen. Had ik niet zo juist beweerd die taal te kunnen spreken? Welnu dan....

Nu moest je alles altijd proberen. „Wie wil, die kan!" zei meester destijds. Ik nam het papiertje in de hand, schepte adem en begon. „Susy Doyle" stond erboven. Nu, dat was gemakkelijk genoeg. Ik zei het zonder mankeren. Maar toen kwam het.

„Susy Doyle was uit Londen gekomen, om ook het Nederlandse publiek te laten horen hoe het met haar muzikale gaven is gesteld" – vertaalde ik, in een met uhs en keelschrapingen doorvlochten Engels. Het was een recensie, daar viel niet aan te twijfelen. Haar mooi, koel gezicht stond in complete luisterrust toen ik verder krukte:

„Ik kan dat begrijpen. Maar ik kan niet begrijpen waarom zij de kritiek inviteerde. Want waar moet ik over schrijven? Over haar jurk? Of over haar mooie rode krullen en haar diepzwarte ogen...."

Ik stokte. „Het gaat over haar...." wist ik opeens en ik keek haar even van terzijde aan. De vermelde krullen vlamden roder dan ooit, de diepzwarte ogen keken verbaasd en toornig.

„I cannot...." Ze begreep er niks van, zei ze. Wat bedoelde die man? Vertaalde ik het wel goed?

„I try...." hakkelde ik, want ik had met een half oog zo juist kennis genomen van de vernietigende rest: „Met muziek had de modieuze activiteit van deze dame hoegenaamd niets te maken. Ze bracht Schubert om en vermoordde Britten. Het was een zotte, beschamende mislukking."

„Verder?" vroeg ze op kribbige toon.

„Well, you see...." En ik produceerde een gecompliceerde volzin, die ten doel had haar duidelijk te maken, dat de rest van de kritiek eigenlijk niet letterlijk te vertalen was, maar meer een totaalindruk gaf, die....

„What's that?" sprak ze, met haar vingertje op het knipsel. „Ait was ien sotte, bieskeminde misloekkin...."

„That's eh...." zei ik transpirerend, „het betekent dat hij vindt, dat u mooi gezongen hebt."

Wat kon ik anders doen? Zit ik soms in boottreinen om lieve Engelse meisjes de zweepslagen van bitse muziekcritici toe te brengen? Peinzend stak ze het knipsel in haar tasje en stond op.

„Thank you."

Bij de deur keek ze nog even om.

„So silly," zei ze dromerig, „I play the violin."

S. Carmiggelt

247

DE KUNSTSCHILDER

Een bezoek aan Wims tentoonstelling bracht mij in herinnering dat ik, als twaalfjarige jongen, eens besloot kunstschilder te worden, want het leek mij zo interessant met een veldezeltje in het centrum van de stad te zitten, penselend aan een doek, waarnaar voorbijgangers dan over mijn schouder heen zouden kijken. Mijn moeder, die zich tot taak had gesteld de weinige keren dat ik verklaarde iets te willen, meteen lik op stuk te geven, ging op zoek naar iemand die mij zou kunnen onderrichten, en zo geraakte ik in contact met de heer Vogelenzang.

De heer Vogelenzang had een stilleventje vol meloenen en peren geschilderd, dat boven de spiegel in de muur van onze huiskamer was bevestigd. Hij accepteerde mij zonder de geringste aarzeling als leerling en nam zelfs vrijwillig op zich, mijn uitrusting aan te schaffen, daar leken, volgens zijn zeggen, wel eens met verkeerd geel of nutteloos rood werden afgescheept.

Toen ik het glimmende schilderkistje in huis had, werd mijn alweer ingesluimerd verlangen om artiest te worden klaar wakker, en monter begaf ik mij naar het atelier om de eerste les te ontvangen.

De heer Vogelenzang, die een klein baardje onderhield, woonde

190

op een goed aangeveegd bovenhuis. Hij maakte de indruk allerminst gebukt te gaan onder de materiële nood, die het leven der meeste schilders zulk een bewogen fond geeft – naar ik later begreep, omdat hij in het geheel geen kunstenaar was, doch slechts een vlijtig vervaardiger van passende lijstvullingen.

Van de vriendelijkheid, die zijn gedrag bij ons thuis had gekenschetst, bleek bitter weinig over. Hij zat zuchtend in zijn vertrek en scheen mij met onmiskenbare walging te zien naderen.

„We zullen maar beginnen met een stilleventje," sprak hij korzelig en hij voegde, met onverschillige hand, een appel bij een vaasje, dat om onbekende reden naast een stenen pijpje de wacht hield. Niet onbedreven begon hij de voorstelling met houtskool op het doek te schetsen, waarbij hij, tot mijn verontrusting, telkens een treurig blazen uitstiet.

„Zie je wel?" beet hij mij eindelijk toe. Ik stond er beleefd-aandachtig bij en zag vervolgens, hoe hij het werkje in de grondverf zette. Daar hij in het geheel niet meer tegen mij sprak, gaf ik mijn ogen maar goed de kost. Ik vond het trouwens wel prettig, dat hij zo weinig deelneming van mij eiste, want op weg naar het atelier had de vrees, dat er een beroep op mijn vlijt of intelligentie zou worden gedaan, mij tot tweemaal toe een zijstraat doen inslaan.

Opeens riep de heer Vogelenzang: „Het uur is om!" Ik overhandigde hem het lesgeld, sloot mijn schilderkistje en ging heen met een hartelijke groet.

De tweede les verliep precies eender, maar tijdens de derde bekende hij mij gebukt te gaan onder chronische tandpijn. Daarom sprak hij liever niet – het schilderen op zichzelf was reeds een grote inspanning voor hem als hij in een kwaad vel stak. Aangezien ik eerbied had voor zijn lijden, legde ik mij er voortaan op toe hem zo weinig mogelijk van mijn aanwezigheid te doen bemerken. Als ik binnentrad, zei ik zachtjes: „Dag meneer Vogelenzang." Het lesgeld legde ik op het buffet, waarna ik plaats nam op een stoeltje, dat vlak naast de deur stond. Hij ving dan meteen aan met schilderen, haastig kwastend, alsof de duivel hem op de hielen zat.

Op die manier was het eerste stukje gauw klaar.

„Hoe schrijf je je naam ook weer?" vroeg hij somber. Ik plaatste op een papiertje mijn handtekening, die hij daarna handig onder het stilleven kopieerde. Niet zonder trots droeg ik het doek huiswaarts.

Het hangt nog bij mijn moeder. In een rij van vijf andere werken. Toen het half dozijn vol was, wilde ik niet langer naar les. Het begon mij de keel uit te hangen, denk ik. Of rijpte toen al het plan om kunst- criticus te worden? Ik weet het niet meer.   S. Carmiggelt

DE GRAMMAR SCHOOL

WAT mij er toe bracht schoolmeester te worden weet ik niet meer, maar zeker was het geen roeping of berekening van een voordelige loopbaan. Daar er al eerder een poging was geweest om weg te trek- ken is het wel mogelijk dat alleen een zucht naar het vreemde land mij dreef. Ik was eenentwintig toen ik het in de zin kreeg naar Enge- land te gaan en van iemand hoorde dat men daar gemakkelijk op een school terecht kwam. Lang hoefde ik niet te wachten voor ik een fraai klinkend aanbod ontving om foreign master te worden op een gram- mar school in de Midlands, waarop ik zonder te aarzelen twee grote kisten met boeken pakte en scheep ging naar Hull. Dat ik al mijn boe- ken meenam, al mijn bezit, kwam omdat ik het als een verhuizing beschouwde.

Het gehucht, waar ik moest zijn, lag een uur gaans van de spoor- halte. Ik wandelde er heen langs een weg door velden, met hier en daar een kleine woning achter gelende vruchtbomen, tot ik voor een oud huis kwam, van bruinrode baksteen waarop in ijzeren letters stond: The Grammar School 1628. Na de grijze kerk, schuin tegen- over, was dit het grootste gebouw van de plaats. Een bleke jongeman, die ik Mr. Frank mocht noemen, liet mij in het studeer- en tevens woonvertrek van de headmaster, zijn vader. Het eerste wat hij zeide was dat ik, aangezien het al vier uur was, mijn taak de volgende mor- gen kon beginnen en hij vroeg of ik behalve het Frans, het vak waar- voor ik als foreign master was aangenomen, ook Latijn wilde onder- wijzen. Als ik geweten had hoeveel hij ervan wist, had ik niet zo be- scheiden hoeven te antwoorden dat ik het niet verder gebracht had dan de beginselen. Met de wezenloze lach, die hem eigen bleek te zijn, vroeg hij voorts of ik bereid was mij ook met de mathematica te belasten. De verontschuldiging, dat ik daar zeer weinig aan had ge- daan, wees hij af met dezelfde lach. Daarna nam hij mij mee naar mijn zitkamer en naar het schoollokaal.

Hier zaten ongeveer vijfentwintig jongens, van zes tot veertien jaar, die met eerbied naar mij keken. Het onderwijs werd gegeven, verklaarde hij, door de headmaster en in diens afwezigheid door hem zelf, maar nu hij zich met mij bezighield had hij de leerlingen, in vijf klassen verdeeld, een taak gegeven. De headmaster kreeg ik die dag niet te zien. Trouwens al de tijd dat ik daar meester was kwam hij nooit in het schoollokaal en zag ik hem alleen aan het middageten en op de vaste avonden wanneer ik in de studeerkamer partner moest zijn aan het whistspel.

Reeds de volgende morgen begreep ik wat er van mij verwacht werd en ik zou zeker weer vertrokken zijn, als ik toen niet de jongens had leren kennen. Mr. Frank bleef een half uurtje bij mij zitten voor de klas, maar liet mij toen alleen met de leerlingen, die mij zelf moesten zeggen wat zij voor die dag te doen hadden. De vier van de hoogste klas, in de voorste bank, waren pas met Latijn begonnen; die in de rij daarachter maakten sommen, de anderen moesten schrijven. In de achterste bank zaten de kleinste jongen, Jackie, en de grootste, Reynolds, in een erg gerafeld jasje met veel te korte mouwen. In een bank terzijde zat een kostschooljongen uit Parijs, Edouard, en toen ik in het Frans met hem sprak, kreeg hij een kleur van blijdschap en keken de anderen ons verwonderd aan. Daar hij hier was om Engels te leren had Mr. Frank hem een leesboek gegeven met een oud woordenboek erbij. Dat hij niettemin een beetje leerde had hij te danken aan de medescholieren, niet aan de meesters, want Mr. Frank bemoeide zich voortaan niet meer met hem, en de foreign master, die het overigens te druk had, kende nog weinig Engels. Gelukkig voelde hij zich niet, hij zat dikwijls door het raam te kijken en wanneer ik hem iets vroeg lachte hij flauwtjes, of hij toch niet zeggen kon waar hij aan dacht.

Met de hoogste klas kwam ik gauw op dreef, ondanks het eerste misverstand. Toen ik begrepen had dat men "puer", the boy, moest uitspreken als "pure", en dat een soldaat in het Latijn "mailiz" heette, konden wij de eerste lessen van de Primer makkelijk behandelen. Twee jongens hielpen mij bij de uitspraak van het Engels, William Baker, een blozende boerenzoon, en George McGee, zoon van een vervallen predikant, en de wijze waarop zij dat deden, bescheiden, het woord pas later herhalend, kon ik dadelijk waarderen. Toen bij een woord, dat ik krom uitsprak, een jongen lachte, keerde Baker

193

zich recht naar hem en zeide kortaf: Behave yourself. Zij hebben de vreemdeling, die niet eens veel ouder was, nooit bespot of geplaagd, zij waren hem integendeel altijd behulpzaam, allen jongens van de boerenstand. Zelfs de lange William Reynolds, die de deugniet heette, bewees mij allerlei kleine diensten, hoewel hij soms niet eens tijd had om met de anderen te spelen. William moest dikwijls de postbode vervangen en met de grote brieventas op de heup naar de verste hofsteden lopen, daarom had hij het nog niet verder dan de tweede klas gebracht. Hij vond het ook prettiger voor postbode te spelen, ik hoorde later dat het zijn beroep geworden was.

De eerste moeilijkheid verraste mij bij de rekenles. Het waren makkelijke sommetjes voor jongens van een jaar of tien, maar niet voor mij die niets wist van de Engelse maten en gewichten. Het beste was hun te zeggen, dat ik alleen de decimale maten had geleerd en te beloven dat ik die avond hun stelsel zou leren zodat wij morgen konden voortgaan met het boekje.

In de rustpoos, op de plaats voor de school tussen twee bladerloze olmen, speelden zij niet, zij stonden rondom mij en deden vragen naar het land vanwaar ik kwam. Een van hen zeide dat ik wel heel knap zou zijn, want zij hadden mijn kisten zien binnendragen, bovendien kende ik Frans. Mijn prestige was gevestigd, hoewel ik nog niet wist dat het minder te danken was aan mijn vermeende kennis dan aan de tekortkomingen van de headmaster.

Een grammar school is een stichting van weldadigheid, dikwijls al uit de 16e eeuw, begiftigd met landerijen waarvan de opbrengst dient tot kosteloos onderwijs. Sommige van die stichtingen zijn rijk en vermaard, vele ten plattelande echter beschikken over zo geringe middelen, dat men er geen bekwame hoofden, geen bevoegde hulponderwijzers voor vindt en het onderricht er beperkt blijft tot "the three r's," dat zijn reading, writing en 'rithmetic, opgesierd met enige Latijnse vormleer. De hoofden van zulke nooddruftige scholen lengen hun middelen aan door leerlingen in de kost te nemen en destijds behielpen zij zich met onbevoegden, die, voor kost en inwoning,. bereid waren veel, maar ondegelijk werk te doen. Zulk een school was deze waar nu een jonge Hollander kwam zonder de minste ervaring. De bovenmeester, een stoere grijsaard, hield de waardigheid op door toga en muts te dragen, beide zeer verschoten, en meer deed hij niet voor de school. Zijn zoon kwam een enkele

194

keer in de klas om een jongen met een boodschap uit te sturen.

Ik heb er wel veel werk moeten doen, tot laat 's avonds in mijn kamertje, door Edouard "le salon du professeur" genoemd. Het was een soort bijkeukentje, zo laag dat men aan de zoldering kon raken, met een stenen vloer en een venster waar een muur voor stond; gemeubeld met een rond tafeltje, dat altijd piepte, een sofa op drie poten, met zeildoek bekleed waar het stro uitstak; verlicht door een gasarmpje met een zuinig vlammetje, dat om negen uur zo laag werd dat ik staande moest lezen. De arme Edouard, die, toen in de kerstvakantie de andere jongens naar huis waren, alleen in het onverwarmde lokaal moest zitten, hield mij gezelschap in die dagen en hij haalde stilletjes van de binnenplaats steenkool omdat de kachel met de sintels die mij verstrekt werden, niet branden wilde. Hoeveel delen geschiedenis en aardrijkskunde van Engeland heb ik er doorgelezen, hoeveel lessen over Holy Scripture. Want ook die moest ik onderwijzen. Ongetwijfeld heb ik dat het slechtst van alles gedaan, maar ik heb het mijzelf vergeven omdat er teveel gevergd werd. Als de vrome stichter van de school eens gezien had, hoe soms, wanneer het in het lokaal te koud was, een foreigner in dat donker vertrekje de kleinste jongens, ieder met een bijbeltje in de hand, op een rij zette en om beurten een vers uit Marcus liet lezen, hijzelf van vermoeienis op de sofa uitgestrekt en alleen de ogen openend wanneer Jackie al te luidruchtig werd. Eens huilde Jackie omdat hij geplaagd werd dat zijn vader een publican was, eigenaar van een bierhuis. Publican betekent ook tollenaar en ik zeide dat geen enkele jongen de bierhuishouder verachten mocht, evenmin als de tollenaar, zolang hij geen kwaad deed. Het was elementair godsdienstonderwijs.

Jackie, zes jaar, was de magerste van de kostjongens. Een andere school had een faam wegens goede voeding zowel als goed onderwijs, maar de enigen die er hier welvarend uitzagen waren de headmaster en zijn vrouw, een kloeke grijze dame, altijd in het paars, met een kanten mutsje, waarop een pluimpje wiegelde. Wanneer de bel luidde en de jongens de eetzaal binnen kwamen, die onder de spitsgewelfde houten zoldering een antiek voorkomen had, zaten Mr. D. en Mrs. D. al aan de tafel aan de ene wand; zodra de jongens aan de andere zaten zeide Mr. Frank het gebed. Van de gerechten herinner ik mij vooral de grote aardappelen, waarvan de jongens en ik er ieder één kregen, de groene kool die iedere dag verscheen, en de afschuwelijke

195

roll-pudding, driemaal in de week. Misschien had ik die eens, uit honger, wat gulzig gegeten. Pas later begreep ik dat Mrs. D. geen kwaad tegen mij bedoelde, hoezeer zij misschien de behoefte mocht hebben zich op iemand te wreken. Dat is zelfs waarschijnlijk, want ik zag haar dikwijls met rode ogen en eens kwam zij met tranen voor mij staan, zeggend dat Mr. D. zo lelijk tegen haar deed. Van mij kon zij echter geen troost verwachten. Altijd weer bij die roll-pudding zeide zij met een knikje, dat ik vals vond: Have some more of your favourite pudding, Mr. S. Het lauw, slap, ongaar deeg ging mij tegen de keel en Edouard liet het staan, maar ik at het met een flauw en hol gevoel. En dit was de voedzame maaltijd van de dag. Aan het ontbijt werd brood in blokjes rondgedeeld, dat op donderdag een week oud was omdat er alleen op vrijdag werd gebakken, niet met boter, maar met dripping, dat is vet van het braadspit gedropen. Wat de jongens tegen de honger deden weet ik niet. Edouard en ik kochten soms harde gedroogde vijgen in de enige winkel die er was.

De eetzaal diende tevens tot recreatiezaal. Elke dinsdag was er bal, dan kwamen de grotere jongens en de meisjes van het gehucht met blinkende gezichten, en de zuster van Reynolds, die de winkel hield met de brievengaarderij, speelde op de piano. Herhaaldelijk klopte er een bij mij aan om mij voor een dans te halen, maar ik had het schoolwerk na te zien. Alleen tegen het einde ging ik even en danste dan met het allerkleinste kind, Jane Jenkins, de Washington Post of de Scottish. De vloer dreunde en de stukken klei vielen van de schoenen.

Het was een school waar de geest van Dickens' tijd nog leefde. De jongens en ik hebben er gebrek gehad zowel aan voeding als aan kennis, maar wij hebben er ook genegenheid voor elkaar gehad. Ik heb nog een paar portretten uit die tijd. En herinneringen keren nog dikwijls terug, aan knikkerspel langs de weg, waarbij ook de broertjes en zusjes van de jongens buiten kwamen, aan draafwedstrijden door het veld toen de viooltjes bloeiden, aan wandelingen met troepen dorpskinderen onder de hoge eiken van de Dukeries. Er zullen daar nog wel boeren en werklieden zijn die hun lezen, schrijven en rekenen, al was het dan weinig, van een Hollandse foreign master hebben geleerd.

Arthur van Schendel

LIST OF STRONG AND IRREGULAR VERBS

bakken (to bake)	– bakte	– bakten	– gebakken
bannen (to ban)	– bande	– banden	– gebannen
barsten (to burst, crack)	– barstte	– barstten	– gebarsten
bederven (to spoil)	– bedierf	– bedierven	– bedorven
bedriegen (to deceive)	– bedroog	– bedrogen	– bedrogen
beginnen (to begin)	– begon	– begonnen	– begonnen
begrijpen (to understand)	– begreep	– begrepen	– begrepen
belijden (to confess)	– beleed	– beleden	– beleden
bergen (to store)	– borg	– borgen	– geborgen
bevelen (to order)	– beval	– bevalen	– bevolen
bewegen (to move)	– bewoog	– bewogen	– bewogen
bezwijken (to succumb)	– bezweek	– bezweken	– bezweken
bidden (to pray)	– bad	– baden	– gebeden
bieden (to offer)	– bood	– boden	– geboden
bijten (to bite)	– beet	– beten	– gebeten
binden (to bind)	– bond	– bonden	– gebonden
blazen (to blow)	– blies	– bliezen	– geblazen
blijken (to appear)	– bleek	– bleken	– gebleken
blijven (to remain)	– bleef	– bleven	– gebleven
blinken (to shine)	– blonk	– blonken	– geblonken
braden (to roast)	– braadde	– braadden	– gebraden
breken (to break)	– brak	– braken	– gebroken
brengen (to bring)	– bracht	– brachten	– gebracht
brouwen (to brew)	– brouwde	– brouwden	– gebrouwen
buigen (to bend)	– boog	– bogen	– gebogen
delven (to dig)	– dolf	– dolven	– gedolven
denken (to think)	– dacht	– dachten	– gedacht
dingen (to haggle)	– dong	– dongen	– gedongen
doen (to do)	– deed	– deden	– gedaan
dragen (to carry)	– droeg	– droegen	– gedragen
drijven (to float)	– dreef	– dreven	– gedreven
dringen (to push, crowd)	– drong	– drongen	– gedrongen
drinken (to drink)	– dronk	– dronken	– gedronken
druipen (to drip)	– droop	– dropen	– gedropen
duiken (to dive)	– dook	– doken	– gedoken
dwingen (to force)	– dwong	– dwongen	– gedwongen
eten (to eat)	– at	– aten	– gegeten
fluiten (to whistle)	– floot	– floten	– gefloten
gaan (to go)	– ging	– gingen	– gegaan
gelden (to hold good)	– gold	– golden	– gegolden

genezen (to cure)	– genas	– genazen	– genezen
genieten (to enjoy)	– genoot	– genoten	– genoten
geven (to give)	– gaf	– gaven	– gegeven
gieten (to pour)	– goot	– goten	– gegoten
glijden (to glide)	– gleed	– gleden	– gegleden
glimmen (to glimmer)	– glom	– glommen	– geglommen
graven (to dig)	– groef	– groeven	– gegraven
grijpen (to seize)	– greep	– grepen	– gegrepen
hangen (to hang)	– hing	– hingen	– gehangen
hebben (to have)	– had	– hadden	– gehad
heffen (to lift)	– hief	– hieven	– geheven
helpen (to help)	– hielp	– hielpen	– geholpen
heten (to be called)	– heette	– heetten	– geheten
hijsen (to hoist)	– hees	– hesen	– gehesen
houden (to hold)	– hield	– hielden	– gehouden
houwen (to hew)	– hieuw	– hieuwen	– gehouwen
jagen (to hunt)	– joeg	– joegen	– gejaagd
	– jaagde	– jaagden	– gejaagd
kerven (to carve, notch)	– korf	– korven	– gekorven
	– kerfde	– kerfden	– gekorven
kiezen (to choose)	– koos	– kozen	– gekozen
kijken (to look)	– keek	– keken	– gekeken
kijven (to quarrel)	– keef	– keven	– gekeven
klimmen (to climb)	– klom	– klommen	– geklommen
klinken (to sound)	– klonk	– klonken	– geklonken
kluiven (to pick a bone)	– kloof	– kloven	– gekloven
knijpen (to pinch)	– kneep	– knepen	– geknepen
komen (to come)	– kwam	– kwamen	– gekomen
kopen (to buy)	– kocht	– kochten	– gekocht
krijgen (to receive)	– kreeg	– kregen	gekregen
kruipen (to creep, crawl)	– kroop	– kropen	– gekropen
kunnen (to be able to)	– kon	– konden	– gekund
kwijten, zich – van,			
(to acquit o.s. of)	– kweet	– kweten	– gekweten
lachen (to laugh)	– lachte	– lachten	– gelachen
laden (to load)	– laadde	– laadden	– geladen
laten (to let)	– liet	– lieten	– gelaten
lezen (to read)	– las	– lazen	– gelezen
liegen (to lie, tell lies)	– loog	– logen	– gelogen
liggen (to lie)	– lag	– lagen	– gelegen
lijden (to suffer)	– leed	– leden	– geleden
lijken (to resemble)	– leek	– leken	– geleken
lopen (to walk)	– liep	– liepen	– gelopen
malen (to grind)	– maalde	– maalden	– gemalen

melken (to milk)	– molk	– molken	– gemolken
	– melkte	– melkten	– gemolken
meten (to measure)	– mat	– maten	– gemeten
moeten (to have to)	– moest	– moesten	– gemoeten
mogen (to be allowed)	– mocht	– mochten	– gemoogd
nemen (to take)	– nam	– namen	– genomen
nijgen (to bow)	– neeg	– negen	– genegen
nijpen (to pinch)	– neep	– nepen	– genepen
ontginnen (to break up ground)	– ontgon	– ontgonnen	– ontgonnen
plegen (to be used to)	– placht	– plachten	–
prijzen (to praise)	– prees	– prezen	– geprezen
raden (to guess)	– ried	– rieden	– geraden
	– raadde	– raadden	– geraden
rijden (to ride)	– reed	– reden	– gereden
rijgen (to string)	– reeg	– regen	– geregen
rijten (to tear)	– reet	– reten	– gereten
rijzen (to rise)	– rees	– rezen	– gerezen
roepen (to call)	– riep	– riepen	– geroepen
ruiken (to smell)	– rook	– roken	– geroken
scheiden (to separate)	– scheidde	– scheidden	– gescheiden
schelden (to abuse)	– schold	– scholden	– gescholden
schenden (to violate)	– schond	– schonden	– geschonden
schenken (to pour; give)	– schonk	– schonken	– geschonken
scheppen (to create)	– schiep	– schiepen	– geschapen
scheren (to shave)	– schoor	– schoren	– geschoren
schieten (to shoot)	– schoot	– schoten	– geschoten
schijnen (to shine; seem)	– scheen	– schenen	– geschenen
schrijden (to stride)	– schreed	– schreden	– geschreden
schrijven (to write)	– schreef	– schreven	– geschreven
schrikken (to be frightened)	– schrok	– schrokken	– geschrokken
schuilen (to shelter, hide)	– school	– scholen	– gescholen
schuiven (to push)	– schoof	– schoven	– geschoven
slaan (to beat)	– sloeg	– sloegen	– geslagen
slapen (to sleep)	– sliep	– sliepen	– geslapen
slijpen (to sharpen)	– sleep	– slepen	– geslepen
slijten (to wear out)	– sleet	– sleten	– gesleten
slinken (to shrink)	– slonk	– slonken	– geslonken
sluipen (to steal, sneak)	– sloop	– slopen	– geslopen
sluiten (to close)	– sloot	– sloten	– gesloten
smelten (to melt)	– smolt	– smolten	– gesmolten
smijten (to throw)	– smeet	– smeten	– gesmeten
snijden (to cut)	– sneed	– sneden	– gesneden
snuiten (to blow one's nose)	– snoot	– snoten	– gesnoten

snuiven (to sniff)	– snoof	– snoven	– gesnoven
spannen (to stretch)	– spande	– spanden	– gespannen
spijten (to be sorry)	– speet	– speten	– gespeten
spinnen (to spin)	– spon	– sponnen	– gesponnen
splijten (to split)	– spleet	– spleten	– gespleten
spreken (to speak)	– sprak	– spraken	– gesproken
springen (to jump)	– sprong	– sprongen	– gesprongen
spruiten (to sprout)	– sproot	– sproten	– gesproten
spuiten (to spout)	– spoot	– spoten	– gespoten
staan (to stand)	– stond	– stonden	– gestaan
steken (to stab)	– stak	– staken	– gestoken
stelen (to steal)	– stal	– stalen	– gestolen
sterven (to die)	– stierf	– stierven	– gestorven
stijgen (to rise, climb)	– steeg	– stegen	– gestegen
stijven (to stiffen)	– steef	– steven	– gesteven
stinken (to stink)	– stonk	– stonken	– gestonken
stoten (to push)	– stootte	– stootten	– gestoten
	– stiet	– stieten	– gestoten
strijden (to fight)	– streed	– streden	– gestreden
strijken (to strike; iron)	– streek	– streken	– gestreken
stuiven (to be dusty)	– stoof	– stoven	– gestoven
treden (to tread)	– trad	– traden	– getreden
treffen (to hit)	– trof	– troffen	– getroffen
trekken (to pull)	– trok	– trokken	– getrokken
vallen (to fall)	– viel	– vielen	– gevallen
vangen (to catch)	– ving	– vingen	– gevangen
varen (to sail)	– voer	– voeren	– gevaren
vechten (to fight)	– vocht	– vochten	– gevochten
verdrieten (to vex, annoy)	– verdroot	– verdroten	– verdroten
verdwijnen (to disappear)	– verdween	– verdwenen	– verdwenen
vergeten (to forget)	– vergat	– vergaten	– vergeten
verliezen (to lose)	– verloor	– verloren	– verloren
vermijden (to avoid)	– vermeed	– vermeden	– vermeden
verschuilen (to hide)	– verschool	– verscholen	– verscholen
verslinden (to devour)	– verslond	– verslonden	– verslonden
vinden (to find)	– vond	– vonden	– gevonden
vlechten (to plait)	– vlocht	– vlochten	– gevlochten
vlieden (to flee, fly)	– vlood	– vloden	– gevloden
vliegen (to fly)	– vloog	– vlogen	– gevlogen
vouwen (to fold)	– vouwde	– vouwden	– gevouwen
vragen (to ask)	– vraagde	– vraagden	– gevraagd
	– vroeg	– vroegen	– gevraagd
vreten (of animals: to eat)	– vrat	– vraten	– gevreten
vriezen (to freeze)	– vroor	– vroren	– gevroren

200

waaien (to blow)	– waaide	– waaiden	– gewaaid
	– woei	– woeien	– gewaaid
wassen (to wash)	– waste	– wasten	– gewassen
wassen (to grow, rise)	– wies	– wiesen	– gewassen
wegen (to weigh)	– woog	– wogen	– gewogen
werpen (to throw)	– wierp	– wierpen	– geworpen
werven (to recruit)	– wierf	– wierven	– geworven
weten (to know)	– wist	– wisten	– geweten
weven (to weave)	– weefde	– weefden	– geweven
wijken (to yield)	– week	– weken	– geweken
wijten (to blame, impute)	– weet	- weten	– geweten
wijzen (to show)	– wees	- wezen	– gewezen
willen (to want)	– wilde	- wilden	– gewild
	– wou	–	–
winden (to wind)	– wond	– wonden	– gewonden
winnen (to win)	– won	– wonnen	– gewonnen
worden (to become)	– werd	– werden	– geworden
wreken (to revenge)	– wreekte	– wreekten	– gewroken
wrijven (to rub)	– wreef	– wreven	– gewreven
wringen (to wring)	– wrong	– wrongen	– gewrongen
zeggen (to say)	– zei	– zeiden	– gezegd
zenden (to send)	– zond	– zonden	– gezonden
zien (to see)	– zag	– zagen	– gezien
zijn (to be)	– was	– waren	– geweest
zingen (to sing)	– zong	– zongen	– gezongen
zinken (to sink)	– zonk	– zonken	– gezonken
zinnen (to ponder, muse)	– zon	– zonnen	– gezonnen
zitten (to sit)	– zat	– zaten	– gezeten
zoeken (to seek)	– zocht	– zochten	– gezocht
zouten (to salt)	– zoutte	– zoutten	– gezouten
zuigen (to suck)	– zoog	– zogen	– gezogen
zuipen (to booze)	– zoop	– zopen	– gezopen
zullen (shall)	– zou	– zouden	–
zwelgen (to guzzle)	– zwolg	– zwolgen	– gezwolgen
zwellen (to swell)	– zwol	– zwollen	– gezwollen
zwemmen (to swim)	– zwom	– zwommen	– gezwommen
zweren (to swear)	– zwoer	– zwoeren	– gezworen
zwerven (to roam)	– zwierf	– zwierven	– gezworven
zwijgen (to be silent)	– zweeg	– zwegen	– gezwegen

Recommended for further reference:

E. Kruisinga, A Grammar of Modern Dutch (Allen and Unwin).
C. G. N. de Vooys, Nederlandse spraakkunst (Wolters).
M. C. Van den Toorn, Nederlandse Grammatica Groningen 1974.[2]
A. Kraak en W. G. Klooster, Syntaxis Culemberg 1968.